T0111015

Printed in the United States
By Bookmasters

الرزمة التدريبية للمعلمين
في الوطن العربي

حسـين محمد حسنين
خبير تدريب المدربين

طرائق التدريس

الطبعة الأولى

1428هـ - 2007م

المملكة الأردنية الهاشمية

رقم الإيداع لدى دائرة المكتبة الوطنية (2007/2/433)
رقم الإجازة المتسلسل لدى دائرة المطبوعات والنشر (2007/2/448)

إعداد بيانات الفهرسة والتصنيف الأولية من قبل دائرة المكتبة الوطنية

ISBN 978-9957-02-277-8 (ردمك)

دار مجدلاوي للنشر والتوزيع
تليفاكس: ٥٣٤٩٤٩٧ - ٥٣٤٩٤٩٩
ص . ب ١٧٥٨ الرمز ١١٩٤١
عمان - الأردن

Dar Majdalawi Pub.& Dis.
Telefax: 5349497 - 5349499
P.O.Box: 1758 Code 11941
Amman- Jordan

www.majdalawibooks.com
E-mail: customer@majdalawibooks.com

♦ الآراء الواردة في هذا الكتاب لا تعبر بالضرورة عن وجهة نظر الدار الناشرة.

فهرس المحتويات

مقدمة الرزمة

تتعرض الرزمة السابقة إلى واحدة من أهم كفايات المعلم وهي كفية طرق التدريس التي تعد بحق أم الكفايات التدريسية نظراً لما تتضمنه هذه الكفاية من معارف ومهارات متعددة.

إن امتلاك المعلم للمهارات المختلفة ضمن كفاية طرق التدريس تعد من الأولويات المطلوبة من إدارات التدريب في العالم العربي وينبغي أن تحظى هذه الكفاية بنصيب كبير من برامج التدريب الموجهة للمعلمين.

وتجدر الإشارة إلى أن من أبرز المشكلات التي يعاني منها التعليم في العالم العربي هي ضعف مستوى كفاية طرق التدريس لدى المعلمين على اختلاف تخصصاتهم، ويعود ذلك لعدة أسباب منها تعيين الأشخاص الذين يتخرجون من الكليات والجامعات دون تعريضهم لبرامج تدريبية حول طرق التدريس فمثلاً لا يكفي أن نعين معلم حامل لدرجة البكالوريوس في اللغة العربية أو العلوم أو غيرها لمجرد أنه يحمل درجة علمية فالدرجة العلمية في تخصص ما هي شيء والتدريس هو شيء آخر يتطلب مهارات مختلفة ومتنوعة وعلى رأسها مهارة انتقاء واستخدام الطرق التدريسية.

تحاول هذه الرزمة أن تضع بين أيدي المعلمين الأكارم مجموعة من المعلومات والمعارف والمهارات المتعلقة بطرائق التدريس وتصنيفاتها هذا ويعكف المؤلف حالياً على انتاج الموسوعة العالمية لطرائق التدريب والتدريس التي تتضمن (22) رزمة تختص كل رزمة بنوع من الطرائق والتي منها الطرق المرتكزة على السؤال، وطريقة المشروع، وحل المشكلات، والطرق الإبداعية في التدريس وطرق العرض، والعمل في مجموعات وغيرها.

نرجوه تعالى أن يوفقنا جميعاً لخدمة طلاب وطالبات أمتنا العربية.

و الله من وراء القصد

المؤلف

حسين حسنين

الفـصـل الأول

استبانة تقييم المستوى المعرفي الأساسي للمعلمين
في إطار طرائق التدريس

الطريقة أساس

تقديم

إن غرض هذا التقويم هو مساعدة المعلم على التهيئة والإعداد للدخول إلى وحدة طرق التدريس. نرجو أن تجيبوا على الأسئلة التي تعرفونها. أن بإمكانكم الاحتفاظ بورقة الأسئلة لحين الانتهاء من البرنامج ، ثم محاولة الإجابة على نفس الأسئلة ، أو بإمكانكم وضع رمز ما على الورقة وتسليمها للميسر بعد الانتهاء من ذلك للحصول على تغذية راجعة. ان بإمكانكم فعل ذلك إذا كنتم لا ترغبون بتثبيت الأسماء على أنموذج الأسئلة.

مرة أخرى أود أن أذكركم ان هذا التقييم ليس بغرض اختباركم ، وأرجو أن لا يذكركم ذلك بفترات الدراسة الرسمية حول الاختبارات.

مع أطيب التمنيات

السؤال الأول:

قدم تعريفات مختصرة للمفاهيم المركزية التالية:-

1.   الطريقة التعليمية:

2.   مهارة:

3.   النقطة الموحلة:

4.   هدف تعليمي:

السؤال الثاني:

■ اكتب خمسة افعال يمكن استخدامها في بناء أهداف تعليمية على المستوى المعرفي والقدرات الذهنية.

-

-

-

-

-

■ اكتب خمسة افعال يمكن استخدامها في بناء أهداف تعليمية على المستوى الحركي والمهاراتي.

-

-

-

-

■ اكتب خمسة افعال يمكن استخدامها في بناء أهداف تعليمية على مستوى الشعور والاتجاهات.

-

-

-

-

السؤال الثالث:

● عدد أسماء خمسة طرق من الطرق التدريسية المرتكزة على المعلم ؟

-

-

-

-

-

● عدد أسماء خمسة طرق من الطرق التدريسية التي يوجهها الطالب ؟

-

-

-

-

-

● عدد اسماء خمسة طرق من الطرق التدريسية التي يوجهها كل من المعلم والطالب ؟

-

-

-

السؤال الرابع:

ضع المرادف بالعربية مقابل المصطلح الاجنبي ، ثم مصطلح الاجنبية مقابل مصطلح العربية لكل من المصطلحات التالية:-:

المصطلح بالعربية	المصطلح الاجنبية	المصطلح بالاجنبية	المصطلح العربية
مسلاط		Logistics	
قوائم شطب		Perception	
معينات تدريب		Attention	
حلقة نقاش		Attitude	
معايير		Behavior	
انتقاء		Role	
نمط سلوكي		Components	
صانع مشاكل		Competency	
تقدمة		Facilitator	
تشويش		Learning	
تغذية راجعة		Teaching	
مطوية		Tool	
مهمة		Adult Learning	
الاستماع		Evaluation	
الانصات		Monitoring	
نتاجات		Appraisal	
منشطات		Assessment	
عصف ذهني		Vision	

احتياجات التعلم المتعلقة بطرائق التدريس

تمرين مواطن القوة والضعف

"أهـل مكـة ادرى بشعابهـا"

يتحرج بعض الناس تارة عندما يطلب اليهم الكشف عن ما لديهم من مواطن قد تتطلب تحسين المكونات المعرفية او المهاراية ، او الاتجاهاتية لادائهم الوظيفي ، مثلما قد نجد بعض الناس يتحرجون عند الطلب اليهم الكشف عن مواطن قوتهم خشية اتهامهم بالغرور تارة اخرى.

ان المعلم الفعال هو الذي يؤمن بمبدأ التعلم المستمر وعند ايمانه بذلك نجده يسعى دوماً للتبصر بمواطن قوته فيعززها ، وعن مواطن ضعفه فيقويها.

يستلزم هذا التمرين قسطاً وافيا من الصراحة والانفتاح على الذات ولهذا فقد صنفه محددي الاحتياجات التعليمية من بين اهم ادوات تحديد الاحتياجات التعليمية القائمة على ما يعرف بالتشخيص الذاتي .

والآن وقبل المباشرة باجراء التمرين حاول ان تتذكر ما يلي:

1-   كن نفسك ،

2-   وتذكر انك لست تحت أي نوع من الاختبارات، ان الغرض هو أن نتعلم من بعضنا البعض .

3-   وتذكر أيضاً أننا نتحدث عن مواطن القوة والضعف فيما يتعلق تحديداً باستخدام الطرق التدريسية .

4-   استعن بالجدول المرفق لرصد المطلوب.

ان مواطن قوتي في استخدام الطرق التدريسية تتمثل في :	ان مواطن ضعفي في استخدام الطرق التدريسية تتمثل في :

مثال على نتاج عمل معلمين في دورات سابقة على تمرين نقاط القوة والضعف

ان نقاط قوتي في الطرق هي :	ان نقاط ضعفي في الطرق هي :
- التعامل مع الطلاب - التخصص في موضوع معين - قوة الشخصية - المرونة - جذب الانتباه - قوة في الاقناع - استخدام المعينات - جذب الانتباه - تنشيط الطلاب - التطبيق العملي للمادة التعليمية - احترام الآخرين - سرعة البديهة - التحضير الجيد - معرفتي بالطرق - تقبل المعلومات من الطلاب - صياغة الاسئلة - التكيف - تمثيل الادوار التعليمية - الاثارة - توصيل المعلومات - اعطاء الحرية للآخرين	- تلافي وتلاشي الانتقادات - ضعف في الاساسيات الرياضية مما يؤدي بي الى شطب موضوعات او القفز عنها - عدم التحضير - صعوبة ارضاء جميع الاطراف في العملية التعليمية (الادارة + الطلاب) - التعامل مع شرائح متباينة - تحديد الطرق المراد استخدامها - الربط بين الطريقة والمحتوى - صعوبة ايصال المعلومة - استخدام الوسائل المعينة - استخدام الاسلوب المناسب للوصول الى الهدف - استخدام الوسائل - التأهيل الكامل - عدم معرفتي بالطرق - احتاج الى وقت طويل في الاعداد والتحضير - عدم الالتزام بالوقت - تفقد الحضور والغياب - تشعيب المواضيع - عدم التحضير والاعداد المسبق - عدم الالمام بالطرق الحديثة - عدم القدرة على ضبط الطلاب - التركيز على النظرية اكثر من العملية - الرد السلبي

الطرق التدريسية المستخدمة

تمرين

الرجاء كخطوة أولية وضع قائمة بمسميات الطرق التدريسية التي تستخدمونها على أن تكتب مسمى الطريقة كما تعرفها بدون تردد ، وبحيث تكتب الطريقة الواحدة على بطاقة منفصلة .

تذكر ان المطلوب هو الطرق التي استخدمتها فعلا

نتاج المسميات التي عصف بها المشاركون

حول مسميات الطرق التدريسية التي يستخدمونها

1- محاضرات / م 12

2- المناقشة / م 4

3- التعليم العملي / م 4

4- التعليم الميداني المنزلي

5- التعليم من خلال الملاحظة

6- ورشات العمل / م 3

7- عصف الأفكار / م 3

8- التطبيق للأداء

9- التعليم العملي الميداني / م 3

10- الحوار / م 3

11- طريقة الشرح / م 3

12- الخلاصة وتدوين المعلومات

13- تطبيقات عملية / م 4

14- مجموعات عمل / م 2

15- التعليم بالمشاركة / م 4

16- البحث بالمشاركة

17- التقدمات

م: مكرر ذكرها.

المسميات هنا كما جاءت من المعلمين حيث لم نجري عليها أي تعديل.

35- عرض افلام
36- ستخدام شفافيات
37- الاسئلة الشفوية
38- الاختبار السريع
39- التوجيه
40- الممارسة الفعلية امام المنصب للعمل
41- عمل امثلة
42- حلقات نقاش
43- عرض الوثائق والنماذج
44- التعليم الوجاهي
45- تبادل الافكار
46- الشرح والتوضيح
47- استخدام وسائل الايضاح والامثلة
48- السؤال المباشر
49- مجموعات العمل
50- الشرح عن طبيعة العمل
51- الاختبارات
52- تبسيط الموضوع

إشراك أهالي الطلاب في الأنشطة والفعاليات المدرسية يتطلب طرق وإبداعات من المعلمين وإدارات المدارس

طرق التدريس بين الماضي والحاضر
دراسة حالة

"من جهل الشيء عاداه"

دراسـة حالـة

(المعلم الذي ينوع بطرائق التدريس)

السيد ياسر الميسر هو معلم عين منذ فترة في معهد تعليم المجتمع الريفي ، وقد عرف عنه قدرته وحماسه في العمل التعليمي الى جانب براعته في انتقاء الطرق التدريسية وتنويعه لها في البرامج التعليمية.

وكان السيد ياسر قد اعرض عن استخدام الطرق التدريسية التي يستخدمها اغلب المعلمين في المعهد الريفي مثل: المحاضرات النظرية والدروس التقليدية والتي كان يتكرر محتواها في كل مرة ، ويصف لنا السيد الميسر هذه الطرق بقوله انها طرق تبقى الطالب متلقياً (Receiver) ، وكاتبا ، ومستمعا طوال الوقت.

لقد كان السيد الميسر لا يكتفي بالقاء المحاضرات في الموضوعات التي تخصه بل كان يوظف الى جانب ذلك طرائق عديدة مثل : توزيع الطلاب الى مجموعات العمل الصغيرة ، ودراسات الحالة ، واعداد المشروعات ، وغيرها الى جانب استخدامه للعديد من المعينات التعليمية كالملصقات ، والشفافيات والشرائح، واشرطة (الفيديو) ، والمشاهدات ، وغيرها.

ورغم ان عددا كبيرا من الطلاب كانوا يقدرون عاليا قيمة هذه الطرائق الا ان البعض كان يشكو منها ، بحجة انها تضيف عليهم جهداً ، فالطرق الأخرى التي يستخدمها المعلمون لا تتطلب منهم سوى الاستماع والنسخ فقط ، اما طرق السيد الميسر فهي تحتاج الى حركة وتنقل وتوظيف جهود حسية وذهنية عديدة.

والى جانب ذلك تضايق بعض المعلمين من زميلهم السيد الميسر وباتوا يصفون طرقه بانها مضيعة للوقت ، وهدر للامكانات وزيادة في مصاريف المعهد.

المطلوب:

ان دراسة الحالة السابقة يمكن توظيفها لاجراء مقارنة بين طرق التدريس التقليدية وطرق التدريس الحديثة ، والآن حاول عمل مايلي:

1- اقرأ الجدول المرفق.

2- ركز على ما يعرف بعناصر المقارنة المرصودة في الجدول.

3- اضف عناصر جديدة للمقارنة.

4- قارن بكلمات مختصرة.

طـرق التدريس

مقارنة بين طرق التدريس بين الماضي والحاضر

في الماضي	عناصر المقارنة	في الحاضر
	تنوع الطرق المستخدمة في البرنامج الواحد	
	مدى استخدام المعينات التعليمية	
	الجهد المبذول من المعلم	
	الجهد المبذول من الطلاب	
	التكلفة المالية للطريقة	
	الوقت الذي تحتاجه الطرق	
	الجهة التي تحدد نوع الطريقة	
	سهولة اختيار الطرق	
	استراتيجية الطرق	
	نمط الاتصال الذي تفرضه الطرق	
	طبيعة المهمات المرتبطة بالطرق	
	سهولة ادارة الطرق	
	مصدر المعلومات	
	شد وتركيز انتباه الطلاب	
	مدى استخدام الحواس (للطلاب)	
	التفاعل مع الطريقة	
	مدى اظهار الفروق الفردية	
	التسهيلات المطلوبة للطرق	
	دور المعلم في الطريقة	
	مراعاة الفروق الفردية	
	الدراسة الذاتية	
	العلاقات	
	محاور تركيز الطرق	

التدريب على الطرق التدريسية

(المتطلبات القبلية ، الاثنائية والبعدية)

أنشطة الساحات المدرسية تساعد المعلم على توظيف طرائق تدريس مختلفة في الموقف التعليمي الواحد

نشاط مدخلي

- غسيل ملابس -

ستقوم بتكليف شخص ما بعملية غسيل ملابس ولكن هذا الشخص الذي ستكلفه بهذا العمل لم يسبق له ان قام بذلك ، وقد طلب إليك ان تزوده بقائمة تتضمن الاعمال القبلية والاثنائية والبعدية والآن ابدا برصد الأعمال حسب تسلسل واضح وتذكر ان ترصد كافة المتطلبات.

قبل الغسيل	أثناء الغسيل	بعد الغسيل

اسأل نفسك عن نقطة التعلم من هذا النشاط.

تسلسل نشاط (غسيل الملابس المنزلي) باستخدام غسالة

قبل B	إثناء D	بعد A
- ظهور الحاجة الى الغسيل - اتخاذ قرار بالغسيل يدوي ام آلي - تحديد الوقت - تهيئة البيئة - تجميع الملابس - فرز الملابس حسب النوع واللون - فحص جاهزية الغسالة - فحص الجيب وإزالة الشوائب والأشياء	- تجهيز الغسالة ووضع الماء والمساحيق - وضع الملابس بالغسالة - ادارة المشاكل (ورقة مهمة تلفت) (مسمار عطل الغسالة) - تغيير الماء - وضع المسحوق - المراقبة - تجهيز الملاقط	- مسح الحبال - نشر الغسيل وتثبيت الملاقط - صيانة الملاقط خلال النشر - تجفيف الغسالة - اعادة تهيئة البيئة تنظيف) - جمع الغسيل - طي الغسيل - كي الغسيل - صيانة بعض الملابس - وضع الملابس في اماكنها الخاصة

ما

الذي يجب أن يعرفه هذا المعلم ؟

طلبت اليك ادارة التعليم بصفتك خبير بطرق التدريس ان تبدأ بتعليم زميل جديد انضم الى المدرسة وقد طلبت اليك التركيز فقط في تعليمه على استخدام الطرق التدريسية وقد اعلمتك الادارة ان هذا الزميل لا يعرف شيئا البته عن طرق التدريس ، وبعد ان انصرفت من مكتب المدير جلست تفكر في اعداد خطة لتعليم هذا الزميل الجديد.

وقد بدأت بوضع الاسئلة الثلاث التالية:

● ما الذي يجب ان يعرفه الزميل الجديد عن الطرق قبل ان ستخدمها ودعوت هذا بالمتطلبات القبلية ؟

● ما الذي يجب ان يعرفه هذا الزميل عن الطرق خلال استخدامه لها ودعوت هذا المتطلبات الاثنائية ؟

● ما الذي يجب ان يعرفه هذا الزميل الجديد عن الطرق بعد استخدامه لها ودعوت هذا بالمتطلبات البعدية.

والآن ضع نفسك مكان هذا المعلم وابدأ باعداد المتطلبات مستعينا بالجدول المرفق.

ما اريد ان اعرفه قبل الاستخدام	ما اريد ان اعرفه أثناء الاستخدام	ما اريد ان اعرفه بعد الاستخدام

المتطلبات القبلية والآثنائية والبعدية المتعلقة
بالطرق التدريسية مأخوذة من أرشيف المؤلف لأحدى الدورات التدريبية

قبل	أثناء	بعد
• اعددا التعليمات المتعلقة بالطرق التعليمية لتقديمها للطالب • تحديد الطرق التي ستستخدم في ضوء المعايير المتعلقة بانتقاء الطرق • توفير المعينات واعداد المطلوب • تحديد عدد المجموعات التعليمية • اعداد الجلسات التعليمية • تجهيز بيئة التعليم وتهيئة اللازم للطرق • اعداد ادوات تقييم الطريقة التدريسية	• تقديم شرح وتوضيح عن طبيعة الطرق التي ستستخدم وكيف ستستخدم • الاجابة عن الاستفسارات المتعلقة بالطرقة التعليمية ذاتها • استخدام الطرق واشراك الطالب في اعمال جزئية ذات علاقة بالطريقة • توزيع المادة التعليمية والمرفقات • متابعة الطالب في استخدام الطريقة • ادخال بدائل طرق التعليم. طرق بديلة ان لزم الموقف التعليمي ذلك • التقاط التغذية الراجعة حول الطريقة • اجراء تقييم للطريقة	• توظيف نتائج تقييم الجلسات مع التركيز على عناصر التقييم المتعلقة بالطرق ذاتها • تفقد المعدات التعليمية وحفظها • تعديل شكل البيئة التعليمية لاستقبال طرق جديدة • رفع توصيات معلمين مع ملاحظات المعلم حول الطرق الى إدارة التعليم

المستلزمات القبلية والاثنائية والبعدية
الخاصة بالطرق التدريسية
تمرين فردي

اجراءات التمرين:

- لديك في هذا التمرين ثلاث واربعين عبارة ، اقرأ العبارة الواحدة ثم قرر هل تمثل هذه العبارة مستلزما قبليا، ام اثنائيا ، ام بعديا وذلك بوضع اشارة (×)

- في بعض الاحيان قد تجد ان العبارة تمثل اكثر من مستلزم مثال (B + D) او (D + A) ..... الخ عند ذلك ضع اكثر من اشارة (×) واحدة.

- الرمـــوز

قبلي (قبل)	——————	B
اثنائي (خلال)	——————	D
بعدي (بعد)	——————	A

رصد نتائج اجابات المشارك		
		B
		D
		A
		B + D
		D + A

توزيع الاجابات الصحيحة	
20	B
11	D
5	A
4	B + D
3	D + A

B	D	A	العبارة	الرقم
			اختبار جاهزية المعينات التعليمية	1-
			شرح اهداف واجراءات الجلسة	2-
			دراسة وتحديد نظام الجلوس	3-
			رصد توقعات الطلاب	4-
			تحديد ومراجعة الادبيات ذات العلاقة	5-
			توقع العقبات التي قد تطرأ	6-
			توزيع الطلاب الى مجموعات عمل	7-
			تهيئة البيئة الصفية	8-
			اعداد مطوية البرنامج التعليمي	9-
			اعادة تشكيل مجموعات العمل	10-
			تجهيز المعينات التعليمية اللازمة	11-
			اعداد قائمة مراجعة	12-
			اعداد الجلسات التعليمية	13-
			اعداد كشف معلوماتي عن الطلاب	14-
			كتابة تقارير الى الجهات المختلفة عن الطلاب	15-
			استخدام الطرق التدريسية بكفاءة عالية	16-
			عقد لقاء تقييمي ومراجعة لتقييم اثر التعليم	17-
			اعداد الشهادات الخاصة بالطلاب	18-
			تقديم المتحدثين	19-
			اجراء الصيانة الاولية للمعينات التعليمية	20-
			ضمان آلية للاتصال مع الطلاب بشكل مستمر	21-
			إعداد تقدمات الطلاب	22-

الرقم	العبارة	A	D	B
-23	تصميم ادوات تقييم للانشطة التعليمية			
-24	تخطيط ادارة الوقت			
-25	اعداد قواعد العمل وبيان بالتسهيلات الإدارية			
-26	التدخل في عمل المجموعات			
-27	تحديد الطرق التي ستستخدم			
-28	تقييم مدى ملاءمة الطرق التدريسية			
-29	تحليل خصائص الطلاب			
-30	تحديد أشكال التدخل في عمل المجموعات			
-31	حصر المعينات التعليمية اللازمة			
-32	التقاط التغذية الراجعة			
-33	مراجعة وتحليل الاهداف التعليمية			
-34	ادارة وتوجيه النقاش			
-35	عرض نتائج تقييم الجلسات التعليمية			
-36	ادارة الخلافات			
-37	تحديد عدد المساعدين ومهامهم وادوارهم			
-38	اعداد البدائل التعليمية			
-39	تعديل نظام الجلسات التعليمية			
-40	اعداد التقارير اليومية			
-41	توفير منشطات			
-42	الاتصال بالجهات التي يلزم زيارتها ميدانيا			
-43	كتابة تقرير عن البرنامج التعليمي			

الرمز	رقم العبارة	الرمز	رقم العبارة
B + D	24	B	1
B	25	D	2
D	26	B + D	3
B	27	B + D	4
D + A	28	B	5
B	29	B	6
B	30	D	7
B	31	B	8
D	32	B	9
B	33	D + A	10
D	34	B	11
A	35	B	12
D	36	B	13
B	37	B	14
B	38	A	15
D + A	39	D	16
D	40	A	17
D	41	D	18
B	42	D	19
A	43	B	20
		A	21
		B + D	22
		B	23

ما يُعرف بأنشطة خارج الصف هي طرائق فاعلة
في تعليم الاستكشاف

تصنيف طرق التدريس
(ورقة تمارين الأسس والتصنيف)
اختبار طرق التدريس(1)

اسم المشارك: ....

ضع دائرة حول رمز الإجابة الصحيحة فيما يلي:

1- الطريقة التي تضع الطالب في موقف فاعل هي:

أ. التأمل الكتابي.

ب. مشروع جماعي.

ج. التقدمة.

د. العصف الأفكار.

2- الطريقة التي تمكن الطالب ذاته من التعرف الى الهدف التعليمي عند تحققه هي:

أ. التحليل الكاريكاتيري.

ب. تحليل موقف.

ج. دوائر التركيز.

د. مهمة فردية.

3- الطريقة التي تزود الطالب بتغذية راجعة عن تقدمه في البرنامج التعليمي هي:

أ. الحوار.

ب. حلقة درس.

ج. المشروع.

د. التعليق بالسلايد.

4- الطريقة التي تجعل الطالب الفرد يعمل شمن فريق هي:

أ. العمل في مجموعات.

ب. المشروع العملي.

ج. الحساسية.

د. البريد الوارد.

5- الطريقة التي تسمح للطالب بالعمل على إنجاز مهمة ما بحسب سرعته الذاتية هي:

أ. التمارين الفردية.

ب. مهمة منزلية.

ج. رصد توقع جماعي.

د. حلقة درس.

6- الطريقة التي تمتاز بأنها اقتصادية في التكلفة والوسائل هي:

أ. المسابقات.

ب. المخيم التعليمي.

ج. المشاهدات.

د. المحاضرة.

7- الطريقة التي تمكن الطالب من القياس الذاتي هي:

أ. الرحلة التعليمية.

ب. لعب الأدوار.

ج. قوائم المراجعة.

د.   مهمة ميدان.

8-   الطريقة التي بامكان الطالب ان يستخدم معها حواس السمع والبصر واللمس هي:

أ.   تحليل " سوات ".

ب.   المحاضرة متخللة النقاش.

ج.   المشاهدة.

د.   انتاج الجداريات.

9-   الطريقة التي تساعد الطالب على التعرف إلى مدى تحقق الأهداف التعليمية في البرنامج هي:

أ.   التعليم بالاهداف.

ب.   تحليل صور.

ج.   تحليل محتوى.

د.   يوم حقل.

10-   الطريقة التي تتيح للطالب استخدام أكثر من طريقة تعليمية واحدة حول الموضوع التعليمي هي:

أ.   الرسم النسجي.

ب.   مختبر التعليم.

ج.   الندوة التعليمية.

د.   المناظرة.

11- الطريقة التي يعمل خلالها طالب مع طالب آخر هي:

أ. التعرض.

ب. العمل في مجموعات.

ج. المائدة المستديرة.

د. الشريك.

12- الطريقة التي من شأنها ادخال المرح إلى نفس الطالب هي:

أ. المقعد الساخن.

ب. السبر غور.

ج. ورشة عمل.

د. الألعاب التعليمية.

13- الطريقة التي تستوجب من الطالب تقديم استجابات وتفاعلات سريعة جداً هي :

أ. عصف الأفكار.

ب. دراسة حالة.

ج. المناقشة التراكمية.

د. المناقشة الجماعية.

14- الطريقة التي تضع المشارك في موقف يحتاج فيه الى اتخاذ قرار سريع هي:

أ. التعليم بالكفايات.

ب. هجمة عمل.

ج. جماعات البحث.

د. التعليم التعاوني.

15- الطريقة التي يشيع عنها مساعدتها على الاسترخاء اكثر من غيرها من طرق التدريس هي:

    أ. المحاضرة.

    ب. النماذج.

    ج. حل المشكلات.

    د. دوران العمل.

16- الطريقة التي تمكن الطالب من اكتشاف وتصحيح اخطاءه بالاعتماد على ذاته احيانا وعلى مشرفة احيانا اخرى هي:

    أ. المواقف الحية.

    ب. التعليم المصغر.

    ج. البطاقات.

    د. البريد الوارد.

17- الطريقة التي تساعد على بناء مهارات التفاوض لدى الطالب هي:

    أ. المناظرة.

    ب. اعداد ملخص.

    ج. الرسم.

    د. الاختبارات.

18- الطريقة التي تقوم أساساً على فكرة الاعتماد على الذات في التعليم هي:

    أ. اجتماع خبراء.

    ب. مشكلة وحل.

    ج. حقائب أو وحدات التعليم الذاتي.

    د. الأشرطة.

19- الطريقة التعليمية التي من شأنها تذكير الكبار (Adults) بالتعليم الرسمي هي:

أ.   الفيلم التعليمي.

ب. المحاضر الزائر.

ج. مخزن حالات.

د.   الاختبارات.

20- الطريقة التعليمية التي تستلزم امتلاك وممارسة مهارات الانصات الواعي هي:

أ.   الحوار.

ب. شجرة المشكلة.

ج. مهمة فردية.

د.   تفصيلة خياط.

21- الطريقة التعليمية التي تتطلب اولا ان يعمل المتعلم بمفرده ثم لاحقا مع غيره على ذات المهمة هي:

أ.   العمل في مجموعات.

ب. مهمة فردية ملحقة بمهمة مجموعات عمل.

ج. مهمة مجموعات عمل ملحقة بمهمة فردية.

د.   مهمة جماعة التعليم.

22- الطريقة التعليمية التي تساعد الطالب على امتلاك مهارات إدارة التوتر هي:

أ. التعليم بالحاسوب.

ب. الحقائب التدريسية.

ج. التعليم بالحساسية.

د. الحالات المكتوبة.

23- الطريقة التي تزيد من مهارات الطالب في مجال التصنيف هي:

أ. حل المشكلات.

ب. الندوة الحرة.

ج. الرسم النسجي.

د. البطاقات.

24- الطريقة التي تمكن الطالب من توجيه التفاعل والنقاش نحو اهداف محددة هي:

أ. المساجلة.

ب. المناقشة الموجهه.

ج. التلمذه.

د. المناقشة المفتوحة.

25- الطريقة التي تساعدنا على ذكر 20% فقط مما تعلمناه تقريبا هي:

أ. المحاضرة.

ب. الفيلم التعليمي.

ج. تحليل صور.

د. حلقة درس.

26- الطريقة التي تساعدنا على تذكر 40% مما تعلمناه تقريبا هي:

أ. المحاضرة متخللة النقاش.

ب. دوائر التركيز.

ج. اللجان.

د. برامج " تلفازية ".

27- الطريقة التي تساعدنا على تذكر 80% مما تعلمناه تقريبا:

أ. المحاضرة بانواعها.

ب. حلقة درس.

ج. التعلم من خلال العمل او اللعب.

د. الندوة التعليمية.

لوحة الاجابات الصحيحة

رقم السؤال	الرمز	رقم السؤال	الرمز
1	ج	16	ب
2	د	17	أ
3	ج	18	ح
4	أ	19	د
5	ب	20	أ
6	د	21	ب
7	ج	22	ج
8	ج	23	د
9	أ	24	ب
10	ب	25	أ
11	د	26	د
12	د	27	ج
13	أ		
14	ب		
15	أ		

طريقة الأنشطة الميدانية تساعد على ربط الطالب
باحتياجات مجتمعه المحلي

اختبار طرق التدريس (2)

ضع دائرة حول الاجابة التي تعتقد انها اقرب ما تكون الى الصحة فيما يلي:

- تأكد من صحة اجابتك بالرجوع الى مفتاح الاجابة بعد الانتهاء من الاجابة عن اسئلة.

1- تختلف طرق التدريس من حيث طبيعة:

أ- البرامج التعليمية.   ج. القائمين على البرامج التعليمية.

ب. معلمين.   د. كل ما ذكر.

2- ان طرق التدريس يمكن

أ- ان تتعدد ضمن البرنامج التعليمي الواحد.   ج. (أ+ب).

ب. يتم اختيارها في ضوء الموقف التعليمي.   د. لا شيء مما ذكر.

3- طريقة التدريس التي تعتمد على المشارك فيما يلي هي:

أ- تمثيل الادوار.   ج. دراسة الحالة.

ب. العرض.   د. طرح الاسئلة.

4- يعتمد اسلوب عصف الأفكار على:

أ- المعلم.   ج. (أ+ب).

ب. الطالب.   د. لا شيء مما ذكر.

5- يكون دور المشارك سلبيا عند استخدام طريقة:

أ. المناظرة.   ج. التعلم بالحاسوب.

ب. التعلم بالمراسلة.   د. التعلم المبرمج.

6- يلعب المعلم دور المستشار والمرشد عند اتباع الاسلوب التالي في التدريس:

أ. المناظرة.   ج. الحقيبة التعليمية.

ب. طرح الاسئلة.   د. العرض.

7- من معايير اختيار الطريقة التدريسية الافضل هي معرفتنا ل:

أ- اتجاهات الطلاب وموافقتهم من عملية التعليم.

ب- اعمار الطلاب ومستوى ثقافتهم.

ج- خبرات الطلاب السابقة.

د- كل ما ذكر.

8- يمكن اعتماد الاساليب الفردية في التدريس في حالات:

أ- توفير الامكانات المالية.

ب- التعليم على اكتساب مهارات خاصة.

ح- توفير المكان المناسب للتعليم الذي يسهل وصول الطلاب اليه.

ذ- لا شيء مما ذكر.

9- يجب ان نأخذ بعين الاعتبار عند اختيار طريقة التدريس:

أ- حاجات معلمين انفسهم واماكن تواجدهم وعددهم.

ب- مدى توفر التسهيلات في المكان المخصص للتعليم.

ج- كل ما ذكر.

10- عند استخدام المحاضرة الرسمية في التدريس:

أ- لا يملك المشارك الاسغاء للمحاضر.

ب- بتزود الطالب بكمية كبيرة من المعلومات وبشكل سريع ومختصر.

ج- (أ+ب).

د- يكتسب الطالب مهارات عملية.

11- يفضل استخدام المحاضرة غير الرسمية لانها:

أ- تزود الطالب بشكل سريع ومختصر بكمية كبيرة في المعلومات الجديدة والمتكاملة.

ب- لا تسمح لاسئلة واستجابات الطالب العفوية بالظهور.

ج- توفر للطالب فرصة الاسترخاء.

د- كل ما ذكر.

12- عند وضع الخطوط العريضة للمحاضرة ينصح بتقليل كمية الملاحظات للحد الادنى لأن:

أ- ذلك يساعد المعلم بالمحاضرة بصورة اكثر فعالية.

ب- كثرة الملاحظات على الورق او البطاقات تشغل المحاضر اكثر من مساعدته.

ج- الهدف من الخطوط العريضة يجب ان تساعد في تنشيط ذاكرة المتكلم وليست مصدرا لمعلومات جديدة.

د- كل ما ذكر.

13- من فوائد استخدام المحاضرات انها تعلم الطلاب:

أ- تدوين الملاحظات المتعلقة بكل محاضرة.

ب- كتابة ملاحظات ذات معنى تقتصر على الافكار الرئيسة والنقاط الهامة باختصار.

ج- (أ+ب).

د- تعويدهم على نسخ المحاضرة .

14- يمكن للعلم تعزيز محاضرته من خلال:

أ- استثارة اهتمام الطالب ومشاركته.

ب- طرح اسئلة محددة على الطلاب مثل: هل فهم كل شخص؟.

ج- استخدام اللغة الرسمية عالية المستوى في بداية المحاضرة لكسب احترام الطلاب.

د- لا شيء مما ذكر

15- من مساويء استخدام اسلوب المحاضرة انها:

أ- تركز على حب الاستطلاع عند الطلاب.

ب- سلبية الطلاب اثناء المحاضرة في اغلب الاحيان.

ج- لا تركز على المحتوى وكيفية استخدام الطالب لهذا المحتوى.

د- كل ما ذكر.

مفتاح الإجابة

السؤال	الإجابة / رمز البديل
1	د
2	ج
3	أ
4	ج
5	ب
6	ج
7	د
8	ب
9	ج
10	ج
11	أ
12	د
13	ج
14	أ
15	ب

تعليم المهارات اليدوية يتطلب طرائق خاصة يوظف معها الطالب حواسه
مجتمعة

انتقاء الطرق التدريسية

تمرين التحيزات

تقديـــم:

هل قمت بالتعليم ؟ نعم : قمت بذلك

انك عندما علمت كنت قد استتخدمت طريقة محددة ، أو مجموعة من الطرق اليس كذلك ؟ نعم: استخدمت اكثر من طريقة

ان استخدام المعلم لطريقة ما من الطرق تعني ان المعلم قد اتخذ قراراً. (أي احتكم الى ذهنه، في ضوء عوامل ومتغيرات عديدة امامه). فمثلا: قد قرر استخدام (×) من الطرق ولم يستخدم (Z) من الطرق الاخرى. وتحدث هذه العمليات أي الاحتكام الى العوامل والمتغيرات الموجودة واتخاذ القرار باستخدام طريقة دون سواها الى مجموعة من التحيزات الذاتية، ولكن ما اهمية موضوع التحيزات هذا ؟ ان كثيرا ما ينصح التربويين ، والمختبرين والمحللين النفسيين، والباحثين ، والملاحظين ، والمقيمين ، والمعلمين وغيرهم من الذين يعملون مع الانسان كفرد ، وجماعة ، ومجتمع ، بان يعوا تحيزاتهم الذاتية والتي تؤثر تأثيراً بالغاً على عمليات انتقائهم لأدواتهم البحثية والتقييمية ، والتعليمية.

ان الوعي المسبق بما لدينا من تحيزات، ليس هو الحل الكافي، ولكنه يساعدنا على تخفيف الاثر السلبي لهذه التحيزات على الفئة المستهدفة.

اجراءات التمرين:

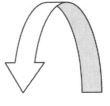

ستجدون خلف الورقة جدولا يحوي جزأين، في أعلى كل جزء منه الاشارات التالية:

+ وتعني التحيز في الاختيار (الاقدام ، الاقبال) (بمعنى اقدم على اختيار هذه الطريقة بسبب ....).

- وتعني التحيز في النفور (الاحجام ، الاعراض)، (بمعنى احجم او اعرض عن اختيار هذه الطريقة بسبب ....).

-	+

قائمة ببعض التحيزات
عند انتقاء الطرق التدريسية

- اختار الطريقة التي اعرف عنها بالرغم من انها في غير محلها
- اختار الطريقة التي استخدمها (جربها) امامي مدرب آخر
- اختار الطريقة التي كانت نتائج تقييمي من خلالها جيدة
- اختار الطريقة التي تؤمن لي اضيق فرض من الوقوع في الحرج
- اختار الطريقة التي تبقيني سيد الموقف
- اختار الطريقة التي استطيع ان اقدم معلومات عنها
- اختار الطريقة التي تبرز زهوي وقدراتي
- اختار الطريقة التي استطيع ان ابرز سبب اختياري لها
- اختار الطريقة التي لا تحتاج مني الى استخدام معينات تعليمية لا احسن
- استخدامها وتشغليها
- اختار الطريقة التي لا تستلزم جهدا في الاعداد والتحضير
- اختار الطريقة التي تبقيني مصدرا للمعلومات
- اختار الطريقة التي تقوي من علاقة الطلاب بي على حساب علاقة الطلاب ببعضهم
- اختار الطريقة التي لا تساعد على ظهور الاسئلة
- اختار الطريقة التي لا تحتاج الى تكاليف باهظة
- اختار الطريقة التي لا تحتاج الى هدف شخصي محض

معايير لانتقاء الطرق التعليمية
(مهمة مجموعات عمل صغيرة)

ينتقي العامة من الناس احتياجاتهم من السوق (ملابس ، مواد غذائية ، اجهزة ....الخ) بناء على معايير ذهنية، وحتى ابسط الناس نرى أن لديهم معايير مسبقة، يوظفونها عند تلبية احتياجاتهم وتحقيق اهدافهم، وقد يحدث ان يجد الناس بان ما اقاموه من معايير كان خطأ ، او يحتاج الى اعادة نظر ودراسة ومن هنا نراهم يقيمون وباستمرار المعايير التي يتبنوها ويستخدمونها.

وينسحب ما سبق على بقية الناس كالمعلمين ، والمدربين ، وغيرهم، عندما يقررون استخدام طرق التدريس أو التدريب ، وحتى نتعرف معا الى مجموعة المعايير الخاصة بانتقاء الطرق التدريسية فان علينا ان نعمل معا وفي مجموعات صغيرة على المهمة التالية:

- تجلس كل مجموعة لوحدها
- يبدأ كل طالب وبشكل فردي في المرة الاولى بوضع قائمة بالمعايير والاعتبارات التي يستخدمها عند اختيار طريقة ما من طرق التدريس.
- بعد ان يعد الطالب ما سبق، تبدأ المجموعة وبوساطة طريقة الرسم النسجي برسم لوحة على ان تضع كافة المجموعات العبارة التالية في منتصف اللوحة.

رسم نسجي لمعايير انتقاء الطرق التدريسية

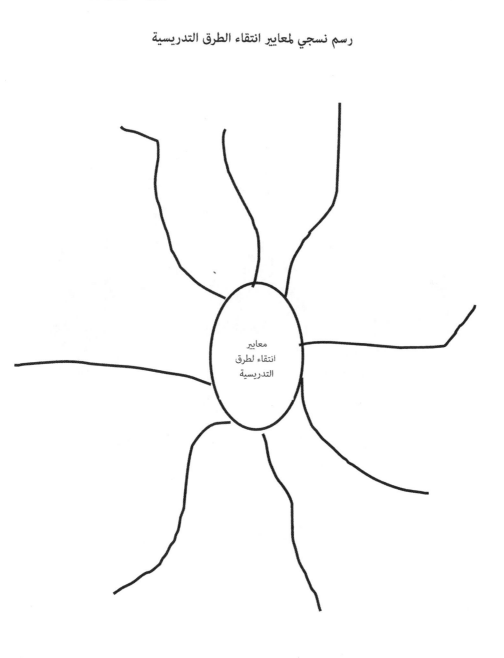

معايير
انتقاء لطرق
التدريسية

معايير انتقاء الطرق التدريسية

توظيف المعلم لطرائق مختلفة في الموقف التعليمي
يتطلب دراسة وتمعن

مقدمـــة:

يحتكم الناس الى معايير واعتبارات ذهنية قبل اقدامهم على اعمال ، او تصرفات بعينها ، ومن الامثلة على ذلك ما يحتكم اليه الناس عندما يذهبون للتبضع، أو قضاء احتياجاتهم ، وتبني هذه المعايير الذهنية من الحياة ، والخبرة ، والممارسة ، والاحتكاك مع الناس والتعايش معهم.

ولنأخذ الآن هذا المثال البسيط من واقع الحياة انك عندما تقرر شراء (رطل) من البندورة تبدأ بانتقاء الحبات من كومة وفي كل مرة تنتقي فيها حبة ما، من حبات البندورة، تكون قد احتكمت الى معيار ذهني، كنت قد أقمته مع نفسك ومن المعايير التي قد تكون قد استخدمت هي:

1. المدة الزمنية التي تريد ان تبقى بها حبات البندورة صالحة للاستخدام.
2. المجال الذي ستستخدم فيه البندورة (تخليل ، طبخ ، .... الخ)
3. هذا الى جانب معايير ذهنية عديدة كاللون ، والشكل ومدى خلو الحبة من الضرر، وما الى ذلك.

ان الناس عادة ما تبني معاييرها الذهنية، من اجل تيسير شؤون حياتها وادارتها بشكل افضل ، وقد اعطى الـلـه - عز وجل - الانسان قدرات وحواس لتمكنه من العمل والعيش والتكيف مع ما في بيئته من ظروف واحوال.

وعندما يجد الناس، ان ما اقاموه في اطرهم المرجعية الذهنية من معايير واعتبارات، كان خطأ ، او لم يكن مسعفاً لهم في ذاك الظرف ، او غيره، فسرعان ما يعملوا على بناء معايير جديدة، واعتبارات متجددة، مستفدين في ذلك من اخطائهم وهفواتهم. ان الناس عندما يفعلون ذلك انما يكونوا قد وظفوا خبراتهم السابقة، في تحسين ادارتهم لشؤون حياتهم.

المعلم وانتقاء طرق التدريس

ولنتحدث الآن بشيء من التفصيل عن المعلم الذي يعمل على تخطيط برنامج جديد للتعليم، وكما نعلم فان احد اهم المحطات التي تستوقف المعلم هي محطة انتقاء الطرق التدريسية الملائمة لبرنامجه التعليمي ولنفترض بان امام المعلم صندوقا وهذا الصندوق خاص بطرق التعليم وحتى نوضح الامر اكثر نقول بان الصندوق يحتوي على بطاقات وعلى كل بطاقة مسمى لطريقة ما من طرق التدريس ويستخدمه المعلم خلال تخطيط البرنامج وخاصة عندما يصل الى مرحلة انتقاء الطريقة الملائمة.

والسؤال الآن هو ما هي مجموعة المعايير والاعتبارات التي على أساسها يقرر معلم ما من المعلمين انتقاء طريقة ما بعينها دون سواها من الطرق في هذه اللحظة (التي يخطط فيها لبرنامج تعليمي) ؟

وللجواب على هذا لسؤال : فقد اجرينا عدد من الأنشطة خلال عدد من الدورات التعليمية كدورة التعليم التشاركي ، ودورة ادارة مجموعات العمل (عقدت في عام 1996 في مجمع الملكة زين الشرف التنموي)، وقد خلصت تلك النشاطات الى المعايير والاعتبارات التالية:

اولاً:   مجموعة المعايير والاعتبارات الخاصة بالفئة المستهدفة (الطلاب).

وتشمل هذه المجموعة المعايير والاعتبارات التي على المعلم اعتبارها وتخص الطلاب وهي على النحو التالي:

أ.   عدد الطلاب.

ب.   مستوى ثقافة الطلاب.

ج.   اعمار الطلاب.

د.   الجنس (ذكور فقط ، او اناث فقط ، او ذكور واناث معا).

هـ. البيئة التي ينمون اليها (حضر ، بادية ، ريف ، مختلط).

و. الاتجاهات ، العادات والتقاليد ونظام التقييم.

ز. مستوى الخبرات والمؤهلات.

ح. المستوى التعليمي.

ط. طبيعة احتياجات الطلاب التعليمية وطبيعة المشكلات التي يواجهونها في اعمالهم.

ظ. امكانات الطلاب ودرجة استعدادهم وحافزيتهم.

ي. المستوى الوظيفي.

ك. مكان السكن.

ل. اللغة التي يستخدمونها.

ثانياً: مجموعة المعايير والاعتبارات الخاصة بالمعلم نفسه.

وتشمل هذه المجموعة المعايير والاعتبارات التي تخص المعلم نفسه والتي تؤثر على اختياره لطريقة تعليمية ما دون سواها وتشمل على ما يلي:

أ. الدرجة والتخصص العلمي.

ب. الجنس ، العمر.

ج. الاتجاهات.

د. مستوى الخبرة العملية.

هـ. مستوى الدافعية الذاتية والحوافز المقدمة له.

و. مدى الكفاية (المهارة) في اختيار الطرق.

ز. الخبرات السابقة مع طرق تعليمية معينة.

ثالثاً:   **مجموعة المعايير والاعتبارات الخاصة بالبرنامج التعليمي ذاته.**

وتشمل هذه المجموعة المعايير والاعتبارات المتعلقة ببرنامج التعليم ومنها:

أ.   الاهداف التي يسعى البرنامج الى تحقيقها.

(اهداف معرفية ، مهارات ، اتجاهات .... الخ).

ب.   مدة البرنامج.

ج.   طبيعة المحتوى التعليمي.

د.   الوقت الذي سيعقد فيه البرنامج.

هـ   نظام التقييم.

و.   نتائج تقييم برامج تعليمية متشابهة في السابق.

ز.   منهجية ومدخل التعليم المستخدم.

خ.   طبيعة البرنامج (تعليم قبل الخدمة ، أثناء الخدمة ، بعد الخدمة).

د.   درجة السرية والخصوصية.

رابعاً:   **مجموعة المعايير والاعتبارات الخاصة بإدارة التعليم.**

وتشمل هذه المجموعة من المعايير والاعتبارات المتعلقة بإدارة التعليم ما يلي:-

أ.   مدى توافر التسهيلات الإدارية والمادية والحوافز المقدمة (مادية، بشرية).

ب.   كلفة البرامج التعليمية.

ج.   مدى توافر المعينات التعليمية.

د.   مدى توافر الخبرات الفنية بأنواعها.

ه.   سياسة وفلسفة إدارة التعليم (عمق ودرجة اهتمام الإدارة).

و.   مدى توافر الخدمات التسهيلية.

ز.   نظام المتابعة والتقييم.

خامساً:   مجموعة المعايير والاعتبارات الخاصة بالممول:-

أ.   شروط الممول العامة والخاصة.

ب. حجم التمويل.

ج. نوع المعلومات المطلوبة للممول.

إدارة المعايير والتوفيق فيما بينها

سنبدأ بالسؤال التالي:

ما الذي يمكن للمعلم عمله إذا تعارضت المعايير والاعتبارات مع بعضها البعض؟

إن على المعلم أن يلقي نظرة في بادئ الأمر على جميع الاعتبارات الداخلة والمؤثرة على اختيارنا لطرق التدريس وقد لا تكون جميع الاعتبارات السابقة حاضرة أي قد يكون لبعضها وجود ولا يكون لبعضها الآخر كذلك.

إن الأمر يتطلب وكما آسلفنا أن يدرس المعلم جميع الاعتبارات والمعايير وعليه أن يسعى جاهدا للتوفيق فيما بينها في حال وجود تضارب فيما بينها أو بين بعض منها.

مثال: لو افترضنا أن المطلوب هو استخدام طريقة التعليم المفرد، أو المصغر لتنمية مهارات الطلاب في إدارة مجموعات العمل، أو تنمية مهارات الطلاب في إجراء التقدمات وتتطلب هذه الطريقة مثلا تسجيل تقدمة الطالب وتوثيقها (بفلم الفيديو) ليعاد عرض (الفلم) ليكتشف الطالب بنفسه الأخطاء ويعاد التصوير مرة أخرى، وهكذا حتى يصل الطالب إلى مرحلة متقدمة من الناجحة وعندما قرر المعلم استخدام هذه الطريقة تعارض ذلك مع اعتبارات ومعايير إدارة التعليم المتمثلة في رفض هذه الطريقة التي تحمل البرنامج كلفة باهظة ولنفترض أن إدارة التعليم قد قررت رفض استخدام هذه الطريقة بسبب ارتفاع تكلفتها.

إذن على المعلم أن يبحث عن بديل آخر وهكذا قد تتنوع الظروف التي قد يتعرض لها المعلم والتي تفرض عليه انتقاء طرق تدريسية معينة دون سواها من الطرق.

تقييم الطريقة التدريسية
تقييم المعلم للطريقة

كلما ساعدنا الطالب على استخدام يداه كلما ضمنا تعلم راسخ

تقـديـم

إن قائمة الأسئلة المرفقة من المتوقع أن تساعد المعلم في تقييم مدى فاعلية الطريقة التدريسيه، حاول دراسة الأسئلة الواردة قبل البدء بالتعليم فمن المتوقع أن تعينك على التبصر أكثر فأكثر.

قائمة الأسئلة المرفقة ليست نهائية. حاول تطويرها باستمرار، ورتب الأسئلة حسب ما تراه مناسباً.

1. هل أنت الذي ستقوم بالتدريس؟

2. هل تعرف ما الذي ستقوم به؟

3. هل أطلعت على أهداف البرنامج؟

4. وتحديدا هل أطلعت على أهداف الحصة التي ستتولاها؟

5. إذا كانت أهداف الحصة قد حددها لك الأخرين سلفا، فهل عملت على تحديد أهداف الحصة بنفسك؟

6. هل ستدرس لتحقيق أهداف معرفية ؟

7. أم ستدرس لتحقيق أهداف مهاراتية ؟

8. أم ستدرس لتحقيق أهداف إتجاهاتية ؟

9. هل عرفت الجمهور المستهدف؟

10. ما هو عدد الجمهور؟

11. ما هي خبراته، مستوى التعليم ... الخ؟

12. هل القيت نظرة على مكان التدريس؟

13. هل ظهر لديك حاجة لمساعدين؟

14. هل حددت مدة الحصة؟

15. هل حللت الأهداف؟

16. هل أعددت المادة التعليمية؟

17. هل بدأت بإعداد مخطط للحصة؟

18. هل كتبت أهداف عنوان الحصة؟

19. هل كتبت أهداف الحصة؟

20. هل أعددت إجراءات النشاط؟

21. هل سميت طرق التدريس التي ستستخدمها؟

22. هل أعددت خلاصة بأبرز المحاور الرئيسة للحصة؟

23. هل سميت طرق التدريس التي ستستخدمها؟

24. ما هو مسمى الطريقة أو الطرق؟

25. هل وفرت المواد اللازمة؟

26. هل استخدمت الطريقة التدريسية من قبل؟

27. هل تتذكر شيئاً ما حول استخدامك لها في الماضي؟

28. هل كنت تحصل على تغذية راجعة من الطلاب بخصوص الطرق التدريسية؟

29. هل ترصد ملاحظات معينة حول الطرق خلال استخدامك لها ؟

30. هل تقدم في العادة لمحة عن طبيعة الطريقة التعليمية إلي الطلاب قبل البدء الفعلي باستخدامها؟

31. هل تولي أهمية لمسألة الاعتبارات والمعايير المتعلقة باستخدام طريقة تدريسية دون سواها من الطرق؟

32. هل أعددت بدائل معينة لاستخدامها في حالة تعثر، أو ظهور عقبة غير متوقعة؟

33. هل تقع في حيرة أحياناً عند المفاضلة بين طرق التدريس؟

34. كيف تتدبر أمر إدارة هذه الحيرة؟

35. هل تقرأ باستمرار عن ما يستجد تحت عنوان الطرق التدريسية؟

36. هل جلست مع نفسك ورصدت نقاط ضعفك، ونقاط قوتك حول الطريقة التي ستستخدمها؟

37. هل اختبرت تحيزاتك حول اختيارك لهذه الطريقة دون سواها؟

38. هل تشعر أنك محفز لأنك تستخدم هذه الطريقة؟

39. هل تخشى شيئاً محدداً؟

40. هل حددت شكل جلوس الطلاب؟

الفصـل الثانـي
تصنيفات طرق التدريس

هناك تصنيفات متعددة لطرائق التدريس

تصنيفات طرق التدريس

- الطرق المرتكزة على العرض التقديم المعلوماتي.
- الطرق المرتكزة على العرض.
- الطرق المرتكزة على النقاش.
- الطرق المرتكزة على المشاهدات.
- الطرق المرتكزة على السؤال.
- الطرق المرتكزة على لعب الأدوار والتمثيل.
- الطرق المرتكزة على الميدان.
- الطرق المرتكزة على الكتابة.
- الطرق المرتكزة على عصف الأفكار.
- الطرق المرتكزة على المهمات.
- الطرق المرتكزة على التكنولوجيا.
- الطرق المرتكزة على المشروعات.
- الطرق المرتكزة على التحليل.
- الطرق المرتكزة على المشاركة.
- الطرق المرتكزة على التعبير الحر.
- الطرق المرتكزة على حل المشكلات.
- الطرق المرتكزة على الإدارة.
- الطرق المرتكزة على الاختبارات.
- الطرق المرتكزة على المقارنات.
- الطرق المرتكزة على كسر الجمود.

- الطرق المرتكزة على التخطيط.
- لطرق المرتكزة على تعلم المهارات.
- الطرق المرتكزة على المواد التعليمية.
- الطرق المرتكزة على الملاحظة.
- الطرق المرتكزة على المقابلة.
- الطرق المرتكزة على الحوار.
- الطرق المرتكزة على الأهداف.
- الطرق المرتكزة على الإبداع.
- الطرق المرتكزة على التقويم.
- الطرق المرتكزة على المنحى العملي.
- الطرق المرتكزة على دراسة الحالة.
- الطرق المرتكزة على تحليل الرسوم.
- الطرق المرتكزة على تحليل الصور (الفوتوغرافية).
- الطرق المرتكزة على التحليل (التحليل المعلوماتي).
- الطرق المرتكزة على الوسائل التعليمية.
- الطرق المرتكزة على المفاهيم.
- الطرق المرتكزة على تبادل الخبرات.
- الطرق المرتكزة على الأدبيات التعليمية.
- الطرق المرتكزة على التعلم الذاتي.
- الطرق المرتكزة على الطالب كفرد.
- الطرق المرتكزة على الخبراء.
- الطرق المرتكزة على الرسمية.
- الطرق المرتكزة على اللارسمية.

الطرق المرتكزة على العـرض والتقديم المعلوماتي

الرقم المتسلسل	مسـمى الطريقة
1.	سرد قصة
2.	محاضرة مختصرة لمعلم
3.	الضيف المتحدث
4.	التقدمة الشائقة
5.	مناظرات
6.	عرض نتاجات (مجموعات عمل)
7.	تقارير مجموعات
8.	عرض فيلم
9.	تقدمة طالب
10.	قراءة جهرية
11.	الندوة
12.	العرض اللفظي
13.	عرض خبرة
14.	المحاضرة متنوعة الأنشطة
15.	الحصة الخارجية
16.	الشهادات الحية
17.	حلقة درس
18.	المراجعة والتجسير
19.	التجسير مع اللاحق
20.	الطالب المعلم
21.	تطوير المقدمات
22.	التعليم بعرض الشفافيات

الرقم المتسلسل	مسمى الطريقة
.23	التعليم بعرض سلايدات
.24	المحاضرة لملخص موزع
.25	المحاضرة خالية المناقشة
.26	المحاضرة الصغيرة
.27	العرض / التقدمة من مجموعة
.28	العرض / التقدمة من فريق
.29	المحاضرة بعدية النقاش
.30	المحاضرة متخللة النقاش
.31	الدرس المختصر (فيديو)

الرقم المتسلسل	مسـمى الطريقة
1.	الساحة
2.	تقدمة معلم
3.	تقدمة طالب
4.	المحاضرة خالية النقاش
5.	المناظرة
6.	ورقة حلقة
7.	محاضرة بملخص موزع
8.	الندوة التعليمية
9.	شركة مساهمة
10.	ورقة زميل
11.	الندوة الحرة
12.	عارض المجموعات (عرض ممثل مجموعة نقاش)

3. بعض طرق التعليم المرتكزة على التقديم المعلوماتي قد تتضمن فرص للمناقشة وتوجد مسميات عديدة في أدبيات التعليم لهذه الطرق منها: الشرح النظري/العرض النظري/المحاضرات الرسـمية/ الدرس النظري/الحصة النظرية/المحاضرة النظرية ... وغيرها.

لا غنى لأي معلم عن استخدام محدود لطرائق التدريس المرتكزة على العرض

الطرق المرتكزة على النقاش

الرقم المتسلسل	مسـمى الطريقة بالعـربيـة
1.	مناقشة ثنائية
2.	مناقشة مجموعات صغيرة
3.	مناقشة جماعية (كل المجموعة)
4.	مناقشة صفية
5.	مناقشة حقلية
6.	مناقشة مفتوحة
7.	مناقشة مغلقة
8.	مناقشة بؤرية
9.	مناقشة موجهة
10.	المناقشة التراكمية
11.	المائدة المستديرة
12.	المناقشة العرضية
13.	المناقشة المتعمقة
14.	المناقشة الأولية
15.	المناقشة العامة
16.	المناقشة متعددة الأغراض (متعددة في الموضوع الواحد)
17.	المناقشة المتخصصة (حقل علمي محدد)
18.	المناقشة المقيدة (جدول مناقشة)
19.	المناقشة غير المقيدة (المفتوحة)

.20	المناقشة المفتوحة مع مجموعة صغيرة غير متجانسة
.21	المناقشة المغلقة مع مجموعة صغيرة متجانسة
.22	المناقشة المغلقة مع مجموعة صغيرة غير متجانسة
.23	المناقشة المفتوحة مع مجموعة صغيرة متجانسة
.24	عدة حقول علمية ومعرفية
.25	المناقشة متعددة مجالات التخصص
.26	المناقشة الدورية المنتظمة
.27	المناقشة المكتبية
.28	المناقشة مع الصغار
.29	المناقشة مع الكبار
.30	المناقشة المركزة
.31	المناقشة مع الذكور
.32	المناقشة مع الإناث
.33	المناقشة مع الذكور والإناث
.34	المناقشة بمناقش ذكر
.35	المناقشة بمناقش أنثى
.36	المناقشة الختامية
.37	المناقشة التراكمية
.38	حلقة درس
.39	المحاضرة متخللة النقاش
.40	المحاضرة بعدية النقاش
.41	نقاش المجموعات الصغيرة

.42	مناقشة محتوى
.43	المناقشة الجماعية
.44	مناقشة أزواج
.45	المائدة المستديرة
.46	التشبع
.47	المناقشة الموجهة
.48	الحوار

الطرائق التدريسية المرتكزة على المناقشة
متنوعة وعديدة

الطرق المرتكزة على المشاهدات

الرقم المتسلسل	مسمى الطريقة
1.	المشاهدة الصفية
2.	المشاهدة الحقلية
3.	المشاهدة الحية
4.	عمل النماذج والمجسمات
5.	مسرح الدمى
6.	تنظيم معرض
7.	استخدام الملموس
8.	المشاهدة الخاطفة

الطرق المرتكزة على السؤال

الرقم المتسلسل	مسمى الطريقة
1.	سرد أسئلة شفاهية
2.	بناء قائمة أسئلة
3.	أسئلة بطاقات
4.	دولاب الأسئلة
5.	أسئلة مسابقات
6.	الأسئلة الشائعة
7.	أسئلة التعلم
8.	السؤال الأساسي
9.	سؤال / جواب
10.	حائط الأسئلة
11.	صندوق الأسئلة
12.	بنك الأسئلة
13.	الأسئلة السابرة
14.	الخدم الستة الأمينة
15.	أسئلة فردية
16.	أسئلة مجموعات
17.	الأسئلة الغبية
18.	الأسئلة المغلقة
19.	الأسئلة المفتاحية
20.	الأسئلة الحلزونية
21.	الأسئلة المفتوحة
22.	الأسئلة المتشعبة
23.	الأسئلة الحقائقية

.24	المعلم يقدم أسئلة
.25	المتعلم يقدم أسئلة
.26	السؤال السريع والقصير
.27	لوحة الأسئلة
.28	سلة الأسئلة
.29	أسئلة ما قبل الحصة
.30	النقطة الموحلة (الأكثر صعوبة)
.31	عصف الأسئلة السريع
.32	حلقة الأسئلة
.33	الأسئلة الأربعة المفتوحة
.34	أداة السؤال الحر
.35	أداة WWW
.36	الكل يكتب سؤال
.37	أسئلة أزواج
.38	وقت الانتظار
.39	سؤال السؤال الذكي
.40	أسئلة للمناقشة
.41	أسئلة الاختبارات المحلولة
.42	حل أسئلة جماعي
.43	أسأل لماذا خمسة مرات

الطرق المرتكزة على لعب الأدوار والتمثيل

الرقم المتسلسل	مسمى الطريقة
1.	الألعاب التعليمية
2.	التعلم من خلال اللعب
3.	أداء الأدوار
4.	ألعاب تنافسية
5.	المحاكاة
6.	أنشطة كسر الجمود
7.	المسابقات
8.	أداء دور فردي
9.	أداء دور لمجموعة صغيرة
10.	لعب الأدوار التلقائي
11.	لعب الأدوار المعد مسبقا"
12.	أداء مشهد خاطف
13.	مسرحيات
14.	بدون كلام (إشارات)
15.	الألعاب الشعبية
16.	المباريات التعليمية
17.	لعب الأدوار أحادي الهدف
18.	لعب الأدوار متعدد الأهداف
19.	لعب الأدوار مفتوح النهاية
20.	لعب الأدوار مغلق النهايات

تحتاج المواقف التعليمية في العالم العربي إلى دمج استراتيجيات تعليم وتعلم جديدة

الطرق المرتكزة على الميدان

الرقم المتسلسل	مسـمى الطريقة ب
.1	الرحلة التعليمية
.2	المهمة الميدانية الحقلية
.3	الجولة الميدانية السريعة
.4	البحث السريع بالمشاركة
.5	البحث الميداني
.6	المسح الميداني
.7	مهمة مكتبة
.8	الزيارات الميدانية
.9	جمع العينات
.10	أنشطة بيتية
.11	واجبات بيتية
.12	المقابلات الميدانية
.13	التعرض
.14	ربط التعليم بالأحداث المحلية الجارية
.15	الرحلة الاستكشافية
.16	التعليم عن طريق تقديم خدمة تطوعية

الطرق المنتمية على الزيارات الميدانية

الرقم المتسلسل	مسـمى الطريقة
1.	الزيارة الميدانية التعليمية
2.	الزيارة الميدانية الإرشادية (أو التوجيهية)
3.	الزيارة الميدانية البحثية
4.	الزيارة الميدانية الاستطلاعية (الاستكشافية، التمهيدية)
5.	الزيارة الميدانية التطبيقية (العملية)
6.	الزيارة الميدانية التفقدية
7.	الزيارة الميدانية التقيمية
8	الزيارة الميدانية للمتابعة
9.	الزيارة الميدانية متعددة الأهداف (الأغراض)
10.	الزيارة الميدانية أحادية الهدف
11.	الزيارة الميدانية الروتينية
12.	الزيارة الميدانية بأهداف محددة مسبقا"
13.	الزيارة الميدانية بدون أهداف مسبقة
14.	الزيارة الميدانية المعلنة
15.	الزيارة الميدانية السرية
16.	الزيارة الميدانية المفاجئة (المباغتة)
17.	الزيارة الميدانية باحث واحد
18.	الزيارة الميدانية لفريق متشابه التخصص

19.	الزيارة الميدانية لفريق واحد متعدد التخصص
20.	الزيارة الميدانية بدعوة من المجتمع المحلي
21.	الزيارة الميدانية بدون دعوة
22.	الزيارة الميدانية لعدة ساعات
23.	الزيارة الميدانية ليوم كامل
24.	الزيارة الميدانية المنتظمة (الدورية)
25.	الزيارة الميدانية غير الدورية (أو غير المنتظمة)
26.	الزيارة الميدانية اليومية
27.	الزيارة الميدانية الأسبوعية
28.	الزيارة الميدانية الشهرية
29.	الزيارة الميدانية نصف السنوية
30.	الزيارة الميدانية السنوية
31.	الزيارة الميدانية لمؤسسات حكومية
32.	الزيارة الميدانية لمؤسسات أهلية
33.	الزيارة الميدانية الرسمية (حكومي)
34.	الزيارة الميدانية غير الرسمية (أهلي)
35.	الزيارة الميدانية لفرد
36.	الزيارة الميدانية لمجموعة (أسرة)
37.	الزيارة الميدانية لمؤسسة أو أكثر
38.	الزيارة الميدانية لباحث ذكر
39.	الزيارة الميدانية لباحث أنثى
40.	الزيارة الميدانية لفريق (ذكور + إناث)

41.	الزيارة الميدانية لقائد محلي
42.	الزيارة الميدانية للأهالي
43.	الزيارة الميدانية لفريق (بدون قائد)
44.	الزيارة الميدانية لفريق (بقائد)
45.	زيارة ميدانية مبرمجة
46.	زيارة ميدانية غير مبرمجة
47.	الزيارة الميدانية لمجتمع محلي
48.	الزيارة الميدانية لأكثر من مجتمع محلي
49.	الزيارة الميدانية التفتيشية
50.	الزيارة الميدانية التحقيقية
51.	الزيارة الميدانية لمنطقة أو أكثر نائية
52.	الزيارة الميدانية لمنطقة أو أكثر قريبة
53.	الزيارة الميدانية الإشرافية
54.	الزيارة الميدانية الموسمية (مثال: زيارات المزارعين)

الزيارات الميدانية تمكن الطلاب
من ربط النظرية بالتطبيق

الطرق المرتكزة على الكتابة

الرقم المتسلسل	مسمى الطريقة
1.	كتابة مقال
2.	الفقرة الوصفية
3.	اكتب سؤال (فردي)
4.	اكتب لتتعلم
5.	إعداد قوائم مصطلحات
6.	كتابة قصة
7.	تبادل الأعمال الكتابية
8.	كتابة تعاريف
9.	رصد التوقعات الكتابي
10.	كتابة تصور
11.	كتابة حالة دراسية
12.	كتابة مذكرة
13.	كتابة رسالة
14.	تلخيص كتاب
15.	كتابة الأهداف
16.	إعداد ورقة مفهوم
17.	ما قبل الكتابة
18.	أثناء الكتابة

19.	ما بعد الكتابة
20.	فكر – أكتب – تحدث
21.	تشكيل مفهوم
22.	الاستجابة بالكتابة
23.	رصد قائمة
24.	اكتب ومرر

الطرق المرتكزة على عصف الأفكار

الرقم المتسلسل	مسمى الطريقة
1.	خارطة ذهنية
2.	خارطة بسيطة
3.	خارطة شبة معقدة
4.	خارطة معقدة
5.	عصف الأفكار صامت
6.	عصف الأفكار لفظي
7.	5555
8.	املأ الجرة
9.	جماعات الدوي
10.	أبو الحناء
11.	عصف على عصف
12.	جولة أفكار من الكل
13.	عصف الأفكار الحركي
14.	عصف الأفكار الإلكتروني
15.	جولة أبو الحناء
16.	طريقة الرول
17.	الدويرة / الحلقة
18.	الفشار
19.	عصف الأفكار الملتزم
20.	مرر القلم
21.	خارطة المفهوم
22.	عصف الكلمة الواحدة

الطرق المرتكزة على المهمات

الرقم المتسلسل	مسمى الطريقة
.1	الاختبارات السريعة
.2	تصميم ملصق تعليمي
.3	إعداد شقافية (محتوى)
.4	عمل شريحة تعليمية
.5	ورقة الدقيقة الواحدة
.6	تمارين صفية
.7	قراءة صامتة
.8	مهمة صفية
.9	مهمة فردية
.10	مهمة مجموعات صغيرة
.11	مهمة مجموعة كاملة (مجموعة التعليم)
.12	مهمة فريقيه
.13	فكر - ناقش - شارك
.14	المهمة الأحادية
.15	تطوير لوحة إرشادية
.16	تطوير نشرة
.17	تطوير مطوية
.18	التجربة المخبرية
.19	التطبيق العملي

بناء خطة	20.
تصميم إعلان	21.
وقت تفكير	22.
المهمات الثنائية	23.
أعملها بنفسك	24.
ترتيب جمل	25.
دوران العمل	26.
ورقة الدقيقة الواحدة	27.
المهمات الخاطفة	28.
المهمات متوسطة المدى	29.
المهمات طويلة الأمد	30.
الخمس دقائق الأولى	31.
صحيفة عمل ما قبل الاختبار	32.
توظيف القواميس	33.
مهمة منزل فردية	34.
المهمات الصفية (داخل قاعة التعليم)	35.
المهمة الفردية	36.
المهمة الفردية المقعدية	37.
المهمة الجماعية المقعدية	38.
مهمة ميدان	39.
مهمة ثنائية صفية	40.
مهمة ثنائية ميدانية	41.
مهمة مجموعة التعليم	42.

المهمة الفردية الميدانية	43.
مهمة فردية متبعة بمهمة جماعية	44.
مهمة جماعية متبعة بمهمة فردية	45.
مهمات من طلاب لطلاب	46.
فكر، ناقش، شكل رباعي	47.
المهمة الواحدة المتشابهة	48.
المهمة المترعة (المتشعبة)	49.
المهمة الانشطارية	50.
المهمة المتدحرجة	51.
مهمة منزل فردية	52.
مهمة منزل جماعية	53.
المهمات الصفية (داخل حجرة التعليم)	54.
المهمة الفردية	55.
المهمة الفردية المقعدية	56.
المهمة الجماعية المقعدية	57.
مهمة ميدان	58.
المقالات	59.
مهمة زوجية صفية	60.
مهمة زوجية ميدانية	61.
مهمة مجموعة التعليم	62.
المهمة الفردية الميدانية	63.
مهمة فردية متبعة بمهمة جماعية	64.
مهمة جماعية متبعة بمهمة فردية	65.
المعبر	66.

المهمات توسع من زيادة مسؤولية الطالب عن تعلمه

الطرق المرتكزة على التكنولوجيا

الرقم المتسلسل	مسمى الطريقة
1.	التلفاز التربوي
2.	الشريط التعليمي
3.	المرتكز على الحاسوب
4.	التعليم بمقارنه الحاسوب
5.	الصور
6.	الرسومات
7.	العينات
8.	النماذج والمجسمات
9.	المواد السمعية والبصرية
10.	اللوحات
11.	الخرائط
12.	الاسطوانات السمعية
13.	أشرطة التسجيلات الصوتية
14.	الأشرطة الصوتية (بكرة إلى بكرة)
15.	الأشرطة الصوتية
16.	أشرطة (الكارتردج)
17.	الشرائح
18.	الشرائح الفلمية الثابتة
19.	الأفلام السينمائية المتحركة
20.	أشرطة (الفيديو)
21.	المصغرات (الفلمية)
22.	الميكروفيش
23.	الأولترافيش
24.	الميكرولوبيك (الشرائح المعتمة)

الرقم	مسمى الطريقة
.1	تحليل مضمون الصور
.2	التعليق بالسلايد
.3	التعليق بالشفافية
.4	برامج تلفازيه
.5	التعليم بالحاسوب (بمعاونة الحاسوب)
.6	الفيلم
.7	النماذج
.8	التعليم المصغر (حصص صغيرة مصورة)

الطرق المرتكزة على المشروعات

الرقم المتسلسل	مسمى الطريقة
1.	مشروع فردي
2.	مشروع مجموعات صغيرة
3.	مشروع جماعي (للصف ككل)
4.	تطوير وثيقة مشروع مقترح
5.	تحليل مشروع
6.	ورقة مفهوم (عن المشروع)

طريقة المشروع تتطلب معلم خبير بمفهوم
ومراحل تخطيط المشروعات

الطرق المرتكزة على التحليل

الرقم المتسلسل	مسمى الطريقة
.1	تحليل مشكلة
.2	تحليل مفهوم
.3	تحليل موقف
.4	تحليل مهمة
.5	تحليل "سوات"
.6	هيكل السمكة
.7	الرسم النسجي
.8	تحليل الحدث الحرج
.9	تحليل محتوى
.10	تتريع الفكرة الرئيسية
.11	تحليل الرسوم
.12	تحليل الصور الفوتوغرافية
.13	تحليل مقال
.14	تحليل إعلان
.15	تحليل شعار
.16	تحليل الحالة الدراسية
.17	تحليل خبر
.18	تحليل إشاعة

.19	تحليل رسائل إعلامية
.20	تحليل أهداف
.21	تحليل السلوك
.22	تحليل مهارة
.23	تحليل أداء
.24	أنشطة السبرغور
.25	خارطة العنكبوت
.26	فوائم التحليل الذاتي
.27	تأمل كتابي
.28	ولكن لماذا
.29	التتريع

الطرق المرتكزة على المشاركة

الرقم المتسلسل	مسمى الطريقة
.1	طالب - يعلم - طالب
.2	العمل في مجموعات
.3	التعلم التعاوني
.4	تعليم الأقران
.5	التعليم التشاركي
.6	جماعات التركيز
.7	جماعات البحث / فرق البحث
.8	مهمات ثنائية
.9	الحوار
.10	ألعاب الصور المتقطعة
.11	توزيع الأدوار
.12	أنشطة التعارف
.13	التغذية الراجعة (من مجموعات)
.14	الحزبان (الفريقان)
.15	لجان التعلم
.16	جماعات العمل التنسيجية
.17	فريق متعدد الاهتمامات
.18	مجموعات بحث
.19	الشريك
.20	كل الأطراف المعنية
.21	المؤتمر التعليمي
.22	تبادل الأدوار
.23	الجماعة البانية لأداة

المشاركة هي مجموعة هائلة من الطرق

الطرق المرتكزة على التعبير الذاتي

الرقم المتسلسل	مسمى الطريقة
1.	الرسم الحر
2.	الرسم الكاريكاتيري
3.	الغناء
4.	أنشطة تلوين
5.	أنشطة بالطباشير
6.	التعبير الحر عن محتوى
7.	ممارسة الهوايات

الطرق المرتكزة على حل المشكلات

الرقم المتسلسل	مسـمى الطريقة
1.	شجرة المشكلة
2.	الأسباب – الآثار
3.	مصفوفة المشكلة /الفعل
4.	(الكل على مشكلة)
5.	مشكلة وحل
6.	الصورة المشكلة
7.	الخطوات الست
8.	تدريج العقبات
9.	إحضار مشكلة
10.	فرق السباب – الحلول
11.	طرح الأسئلة السبعة
12.	انتقاء مشكلة
13.	قائمة الحلول
14.	المشاهدة المباشرة لمشكلة
15.	مشكلة حل مشكلة
16.	الرجوع العكسي
17.	دمر وابدأ من جديد
18.	التوحيل (تعقيد المشكلة)

تشكيل مشكلة	19.
مسك معضلة	20.
التربيع	21.
شجرة المشكلة	22.
حل المشكلات	23.
مشكلة وحل	24.
الرسم النسجي	25.
الحدث الحرج	26.

الطرق المرتكزة على الإدارة

الرقم المتسلسل	مسمى الطريقة
1.	إدارة حصة
2.	إدارة موقف
3.	إدارة أزمة
4.	إدارة ورشة
5.	إدارة مجموعة عمل
6.	المباريات الإدارية
7.	سلة القرارات
8.	تقليل الحساسية التدريجي
9.	تطوير الحساسية التدريجي
10.	إدارة الوقت
11.	إدارة المناسبات

الطرق المرتكزة على الاختبارات

الرقم المتسلسل	مسمى الطريقة
1.	اختبارات الأداء
2.	اختبارات التحصيل
3.	اختبارات الاستعداد التعليمي
4.	اختبارات التأهيل الجامعي
5.	اختبار تفهم الموضوع للأطفال
6.	اختبار تفهم الموضوع
7.	اختبار تكملة الجملة الناقصة.
8.	اختبار تداعى الكلمات أو الألفاظ.
9.	اختبار رورشاخ (بقع الحبر)
10.	أسلوب التداعي الحر
11.	السيناريوهات الفرضية
12.	الاستماع الحر
13.	اختبارات الاختيار المتعدد
14.	اختبارات الحقيقة أو الزيف (ثنائي الاختيار)
15.	الاختبارات الدورية الموجزة
16.	اختبارات ملء الفراغ
17.	اختبارات العناصر المطابقة
18.	الاختبارات المقالية (الطويلة والقصيرة)
19.	الاختبار القبلي – البعدي
20.	تقويم المستوى المعرفي الأساسي

الطرق المنتمية للمقارنات

الرقم المتسلسل	مسمى الطريقة
1.	عمود التي
2.	شكل الخلية الثنائية
3.	قبل – بعد
4.	وجهتي نظر

الطرق المرتكزة على كسر الجمود

الرقم المتسلسل	مسمى الطريقة
.1	تمارين رياضية
.2	مفاجآت
.3	غناء فردي / جماعي
.4	حزازير
.5	مسابقات الطعام والشراب
.6	الكلمات المتقاطعة
.7	نكات وطرائف
.8	أحاجي والغاز
.9	تمثيل مواقف
.10	تمثيل شخصيات (تقليد)
.11	مسابقات شعرية
.12	مواقف مفتعلة
.13	حوافز
.14	ألعاب خارجية
.15	مسابقة أجمل تعليق
.16	الكرسي الساخن (أسئلة حرجة)
.17	منعشات
.18	حفلات

.19	حركات جماعية
.20	مسابقات هل تعلم
.21	أشغال يدوية سريعة
.22	خدمة بيئة (بيئة التعليم وما حولها)
.23	استراحات
.24	مشي خفيف
.25	تمارين استرخاء

كسر الجمود غدى طريقة بحد ذاته

الطرق المرتكزة على التخطيط

الرقم المتسلسل	مسمى الطريقة
1.	تخطيط حصة / جلسة
2.	تخطيط حملة
3.	تخطيط المناسبات
4.	قبل – أثناء- بعد
5.	نقطة البداية – نقطة النهاية
6.	تحديد المسار الذاتي

الطرق المرتكزة على تعلم المهارات

الرقم المتسلسل	مسمى الطريقة
1.	إيضاح تطبيقي
2.	المشغل التعليمي
3.	مختبر التعليم
4.	تلمذه ضعة
5.	الكفايات
6.	قبل – أثناء – بعد القراءة
7.	تعلم أفضل الممارسات
8.	البريد الوارد
9.	هجمة العمل
10.	السقالة
11.	أعملها بنفسك
12.	أخبر وبين
13.	طريقة الجماعة المعملية
14.	ردم فجوة أداء
15.	التعليم المصغر
16.	"وسخ يداك"
17.	التعليمات المباشرة
18.	اللعب.
19.	التجربة.
20.	التعزيز.

.21	الحساب.
.22	التفاعل والمشاركة.
.23	التخيل.
.24	اللمس.
.25	السؤال.
.26	المحاضرة.
.27	التمثيل.
.28	المشاركة.
.29	الكتابة.
.30	اكتشاف الميول الفطري.
.31	الاتصال والتواصل.
.32	الأداء (الحركات).
.33	التمارين العملية.
.34	المشاهدة الميدانية.
.35	التشبيه.
.36	الممارسة العملية منفردا".
.37	النظام والتسلسل.
.38	التطوير والإطلاع على تجارب وخبرات الغير.
.39	النمذجه.
.40	الزيارات.
.41	الزيارات الميدانية.
.42	ممارسة المهارة.
.43	التطبيق.
.44	النظر.
.45	المناقشة.

.46	طريقة المشروع.
.47	التحديث.
.48	تعزيز الرغبة وتطويرها.
.49	البداية الصحيحة.
.50	الفك والتركيب.
.51	المشاهدة.
.52	التطبيق العملي.
.53	تبادل الخبرات.
.54	الإشراف.
.55	المجموعات.
.56	التمارين الفعلية.
.57	وسائل تعليمية.
.58	طرح الأسئلة.
.59	الاستنتاج.
.60	التقويم.
.61	من وسائل المساعدة.
.62	الممارسة.
.63	عصف الأفكار.
.64	العرض.

الطرق المرتكزة على المواد التعليمية

الرقم المتسلسل	مسـمى الطريقة
1.	صحائف الشفافيات الرئيسة
2.	صحائف الخلاصات
3.	بطاقات المحتوى
4.	نماذج تخطيط فعاليات (جلسة، حصة، محاضرة...الخ
5.	صحائف عناصر تحليل محتوى
6.	صحائف أدلة الملاحظة
7.	صحائف تحليل موقف حرج
8.	الصور التعليمية (لغايات المحتوى)
9.	الأفلام التعليمية
10.	أدلة تصميم المشروعات التعليمية
11.	صحائف النقاط المحورية
12.	صحائف الرسائل
13.	صحائف الاستبانات
14.	صحائف كسر الجمود
15.	صحائف التوزيع الزمني
16.	صحائف متعددة المهام
17.	صحائف الإرشادات المقتضبة
18.	صحائف المقتطفات
19.	وثائق أدلة الزيارات الميدانية

.20	وثائق المصطلحات المركزية
.21	إعداد حقيبة تعليمية
.22	وثائق العروض
.23	صحائف الرسوم
.24	صحائف الأسئلة
.25	صحائف المسابقات التعليمية
.26	صحائف التعارف
.27	صحائف المنظومات
.28	وثائق التسهيلات الإدارية واللوجستية
.29	تطوير ملخص
.30	مقترح مشروع
.31	تصميم كتيب
.32	تقرير نشاط
.33	تطوير لوحة تعليمات
.34	تصميم صحيفة إرشادات مقتضبة
.35	مشروع بحث
.36	نموذج تغذية راجعة
.37	نموذج اختبار
.38	تصميم قالب
.39	تطوير نماذج
.40	إعداد السيرة الذاتية
.41	إعداد تقدمة متعددة الوسائط

42.	صحائف المطويات
43.	صحائف التمارين
44.	صحائف المهمات
45.	صحائف المسابقات
46.	وثائق دراسة الحالات
47.	صحائف النماذج
48.	صحائف الاختبارات
49.	صحائف الألعاب التعليمية
50.	وثائق قوائم المراجعة
51.	صحائف الشفافيات (بمحتوى)
52.	أوراق المحتوى شديد الاختصار
53.	وثائق القراءة الإضافية
54.	صحائف الاستقصاء الذاتي
55.	وثائق تقويم المستوى المعرفي الأساسي القبلي والبعدي
56.	صحائف تدوين الأفكار (عصف الأفكار) استطلاع الأفكار
57.	صحائف الأنشطة البيتيه
58.	صحائف المراجعة والموارد
59.	صحائف التعليمات
60.	نماذج التقارير التعليمية
61.	صحائف ملاحظات محاضرة
62.	صحائف الخطوط الهادية (المرشدة)
63.	دسكات الحاسب بمحتوى

.64	شرائح بمحتوى
.65	صحائف الجداول والرسوم التوضيحية
.66	صحائف دليل إدارة حوار تعليمي
.67	أدلة الرحلات التعليمية
.68	أشرطة محتوى صوتي
.69	وثائق لعب الأدوار
.70	صحائف أوراق العمل
.71	وثائق الملخصات
.72	صحائف الأشكال التوضيحية
.73	إعداد ملخص
.74	أوراق العمل
.75	الحقائب التعليمية
.76	التدريب بالواحدات
.77	(الفايل) التعليمي
.78	التعينات
.79	الملخصات
.80	قوائم المراجعة
.81	الأشرطة
.82	الحالات المكتوبة
.83	المحاضرات المطبوعة
.84	أوراق الحقائق

استطيع الحكم على معلم من طرائقه

الطرق المرتكزة على الملاحظة

الرقم المتسلسل	مسـمى الطريقة
.1	الملاحظة بالمشاركة الكاملة.
.2	الملاحظة بدون مشاركة.
.3	الملاحظة بمشاركة جزئية.
.4	الملاحظة بملاحظة منفرد.
.5	الملاحظة بفريق موحد حقل التخصيص.
.6	الملاحظة بفريق متعدد التخصيصات.
.7	ملاحظة سلوك واحد في موقف أو أثر.
.8	ملاحظة متعددة الأغراض.
.9	ملاحظة أكثر من سلوك في موقف أو أكثر.
.10	ملاحظة بغرض واحد.
.11	ملاحظة حالة واحدة (طفل، مزارع، عامل..الخ)
.12	ملاحظة مجموعة صغيرة (أحداث، طالبين، طلاب...الخ)
.13	الملاحظة المسجلة (ورقة ترميز)
.14	الملاحظة المسجلة (*) (بدون نظام ترميز)
.15	الملاحظة بالتسجيل الصوتي (مسجلة، اسطوانات، أشرطة...الخ)
.16	الملاحظة بالتسجيل الفلمي (صوت + صورة)
.17	الملاحظة بالتسجيل متعدد التقنيات
.18	الملاحظة السردية أو (الوصفية)

الملاحظة الدورية المنتظمة عينة الوقت)	19.
الملاحظة لدورية غير المنتظمة (عينة الحدث)	20.
الملاحظة غير المضبوطة	21.
الملاحظة المضبوطة	22.
الملاحظة السطحية	23.
الملاحظة المتعمقة	24.
الملاحظة السريعة	25.
الملاحظة البطيئة	26.
الملاحظة الكيفية (النوعية)	27.
الملاحظة الكمية (الرقمية)	28.
الملاحظة المتكررة	29.
الملاحظة السيرية	30.
الملاحظة المخبرية	31.
الملاحظة العيادية	32.
الملاحظة الصفية	33.
الملاحظة المكتبية	34.
الملاحظة السريرية	35.
الملاحظة الميدانية	36.
الملاحظة الحقلية	37.
الملاحظة المستمرة	38.
الملاحظة المتقطعة	39.
الملاحظة العرضية (غير المقصودة)	40.

41.	الملاحظة بالمشاركة في ثقافة غربية على ثقافة الباحث
42.	الملاحظة بالمشاركة في ثقافة فرعية متفرعة من الثقافة العامة لمجتمع الباحث
43.	الملاحظة بالمشاركة في ثقافة من نفس ثقافة الباحث
44.	الملاحظة باستخدام سلالم التقدير (التدرج)
45.	الملاحظة المتربصة
46.	الملاحظة من قبل ملاحظ الباحث
47.	الملاحظة من قبل ملاحظ موظف
48.	الملاحظة من قبل ملاحظ ظاهر لمجتمع البحث
49.	ملاحظة الأطفال
50.	ملاحظة الكبار
51.	ملاحظة السلوك (ملاحظة سلوك الإنسان)
52.	ملاحظة الظواهر (ملاحظة أي شئ غير الإنسان)
53.	ملاحظة الذكور (لوحدهم)
54.	ملاحظة الإناث (لوحدهم)
55.	ملاحظة الذكور والإناث (معا" في موقف)
56.	الملاحظة باستخدام قوائم المراجعة.
57.	الملاحظة المقصودة

الطرق التشاركية تنقل الطالب من طالب خامل
إلى طالب نشط

الطرق المرتكزة على المقابلة

الرقم المتسلسل	مسمى الطريقة
1.	المقابلة المكتبية
2.	المقابلة الميدانية (أو الحقلية)
3.	مقابلة الذكور
4.	مقابلة الإناث
5.	مقابلة الذكور مع إناث
6.	مقابلة فرد
7.	مقابلة مع اثنين (أب + أم ... الخ)
8.	مقابلة مجموعة (أسرة صغيرة)
9.	مقابلة الصغار (الأطفال)
10.	مقابلة الكبار (الراشدين)
11.	مقابلة باحث لمبحوث (1-1)
12.	مقابلة باحث لمبحوثين (1-2)
13.	مقابلة باحث لمجموعة مبحوثين (1،2،3...الخ)
14.	مقابلة باحثين لمبحوث (2-1)
15.	مقابلة باحثين لمبحوثين (2-2)
16.	مقابلة باحثين لمجموعة (1،2،3،4،5...الخ)
17.	مقابلة مجموعة باحثين لمبحوث (1،2،3،4،5....الخ)

.18	مقابلة مجموعة باحثين لمبحوثين (مثال 3،4،5...الخ - 2)
.19	مقابلة لمجموعة مبحوثين باحثين (3،4،5....الخ - 3،4،5....الخ)
.20	المقابلة الشخصية (الوجاهية)
.21	المقابلة الهاتفية
.22	المقابلة الاستطلاعية
.23	المقابلة السريعة (القصيرة)
.24	المقابلة البطيئة (الطويلة)
.25	المقابلة البؤرية
.26	المقابلة المتكررة
.27	المقابلة التفاعلية
.28	المقابلة الاستماعية
.29	المقابلة الإيجابية
.30	المقابلة السلبية
.31	المقابلة الموجهة
.32	المقابلة شبه الموجهة
.33	المقابلة غير الموجهة
.34	المقابلة المضبوطة
.35	المقابلة شبه المضبوطة
.36	المقابلة غير المضبوطة
.37	المقابلة المتعمقة
.38	المقابلة السطحية
.39	المقابلة شبة المتعمقة

.40	المقابلة المفتوحة (المرنة)
.41	المقابلة شبه المفتوحة
.42	المقابلة المغلقة
.43	المقابلة البسيطة
.44	المقابلة المعقدة
.45	المقابلة بالمقاطرة
.46	المقابلة الاستفهامية
.47	المقابلة الطارئة
.48	المقابلة (الاكلينيكية) أو (العيادية)
.49	المقابلة السريرية
.50	المقابلة التفسيرية (الإيضاحية، التعليلية)
.51	المقابلة البنائية
.52	المقابلة شبه البنائية
.53	المقابلة العرضية (حادثة، صدفة)
.54	المقابلة الإذاعية
.55	المقابلة الصحفية
.56	المقابلة التلفازية
.57	المقابلة شبه المغلقة
.58	المقابلة المقننة (عالية مستوى التقنين)
.59	المقابلة شبه المقننة (أقل تقنينا)
.60	المقابلة غير المقننة
.61	المقابلة أحادية الهدف

.62	المقابلة متعددة الأغراض
.63	المقابلة الحرة
.64	المقابلة التمهيدية
.65	المقابلة الإعدادية
.66	المقابلة المبدئية
.67	المقابلة الأولية
.68	المقابلة الاستكشافية
.69	المقابلة باستبانة بحث
.70	المقابلة الموثقة
.71	المقابلة غير الموثقة
.72	المقابلة بتوثيق كتابي (من طرق الباحث فقط، أو من كلا الطرفين)
.73	المقابلة بالتوثيق الصوتي (أنظمة التسجيل الصوتي)
.74	المقابلة بالتوثيق الفلمي (أنظمة التسجيل المرئي)
.75	المقابلة بالتوثيق الفوتوغرافي
.76	المقابلة بالتوثيق متعدد المعينات
.77	المقابلة بنظام تسجيل أو ترميز كمي (رقمي)
.78	المقابل بنظام تسجيل نوعي (كيفي)
.79	المقابلة بتوثيق يدوي
.80	المقابلة بتوثيق آلي
.81	المقابلة بتوثيق متعدد الرموز والأشكال (رسوم، أرقام، أشكال ..الخ)
.82	المقابلة الإستجوابية (التحقيقية)
.83	المقابلة الاختيارية

.84	المقابلة الإرشادية (المقابل يرشد المقابل)
.85	المقابلة التوجيهية
.86	المقابلة التشخيصية
.87	المقابلة المرتكزة على العميل
.88	المقابلة السردية
.89	المقابلة المريحة
.90	المقابلة المتتابعة أو (التتبعية)
.91	المقابلة المتقطعة
.92	المقابلة بموعد سابق
.93	المقابلة بدون موعد سابق
.94	المقابلة الرسمية
.95	المقابلة غير الرسمية
.96	المقابلة المنظمة
.97	المقابلة شبه المنظمة

المقابلة والملاحظة والاستماع وغيرها مهارات يحتاج الطالب إلى تعلمها في المدرسة
وقبل دخوله إلى سوق العمل

الطرق المرتكزة على الحوار

الرقم المتسلسل	مسـمى الطريقة
1.	الحوار العام X
2.	الحوار مع مجموعة مستهدفة
3.	الحوار المسجل آليا"
4.	الحوار المسجل يدويا" (كامل الحوار)
5.	الحوار المسجل يدويا" (ملخص الحوار)
6.	الحوار المحلي
7.	الحوار السياسي
8.	حوار الأجيال
9.	الحوار مع مجموعة (ذكور)
10.	الحوار مع مجموعة (إناث)
11.	الحوار مع مجموعة مختلطة
12.	الحوار بمحاور من نفس جنس المجموعة
13.	الحوار بمحاور من غير جنس المجموعة
14.	الحوار الديمقراطي
15.	الحوار المتخصص
16.	الحوار بمحاور واحد
17.	الحوار بمجموعة محاورين
18.	الحوار المتعمق
19.	الحوار المغلق
20.	الحوار المفتوح

.21	الحور الإذاعي
.22	الحوار الصحفي
.23	الحوار التلفازي
.24	الحوار التنموي
.25	الحوار الدين (حوار الأديان)
.26	الحوار مع القادة المحليين
.27	الحوار مع القاعدة الشعبية
.28	الحوار التثقيفي
.29	الحوار التقويمي
.30	الحوار كأداة تعليمية
.31	الحوار كأداة توعوية
.32	الحوار الحقلي
.33	الحوار على مشكلة محلية
.34	الحوار الهادي
.35	الحوار الساخن
.36	الحوار كعملية
.37	الحوار كنشاط
.38	الحوار بمحاور محلي
.39	الحوار بمحاور خارجي
.40	الحوار بمحاور خارجي وداخلي
.41	الحوار المكتبي

للحوار مهارات خاصة وهو أي الحوار
يختلف كلياً عن المناقشة

الطرق المرتكزة على الأهداف

الرقم المتسلسل	مسـمى الطريقة
1.	أداة سمارت
2.	أهداف التعلم
3.	أهداف المعلم
4.	أهداف المتعلم
5.	التعليم بالأهداف

الطرق المرتكزة على الإبداع

الرقم المتسلسل	مسمى الطريقة
.1	التداعي الحر
.2	السيناريوهات الفرضية
.3	الطروح البدائيلية
.4	أنشطة التخيل
.5	استمطار الذهن
.6	حل المشكلات
.7	التربيط
.8	كل الاحتمالات
.9	التهديف
.10	خرائط الذهن
.11	الاستخدامات المتعددة
.12	المساحة المحدودة
.13	إيجاد الملتقيات والمفارقات
.14	البدايات المتشابهة
.15	الطرقة اللفظية
.16	إدرار الأسئلة
.17	حصر المتطلبات
.18	الفكرة المهيمنة

.19	الوصف
.20	إعادة التصميم
.21	النتائج المتوقعة
.22	التنبؤ
.23	التقليد
.24	العرض الفعّال
.25	الخصائص والأسباب
.26	صياغة الفرضيات
.27	الطلاقة الكتابية
.28	الكلمات المرتبطة
.29	جرة عائلة المصطلحات
.30	دقائق الأمور
.31	الأسباب والأعراض
.32	المشي التفكيري
.33	التحدي
.34	المفاجأة

الطرق المرتكزة على التقويم

الرقم المتسلسل	مسمى الطريقة
1.	التقويم الذاتي
2.	التغذية الراجعة
3.	محطات التحقيق
4.	المراجعة مع معلم
5.	الثنائي الفاحص
6.	الفريق الفاحص
7.	نموذج التحقيق والفحص

طرق التعليم المرتكزة على المنحى العملي

الرقم المتسلسل	مسمى الطريقة
.1	المشاغل التعليمية
.2	البحث الإجرائي
.3	دراسة الحالة
.4	ورش العمل
.5	التطبيقات
.6	التعليم المهني (المهارات العملية اليدوية)
.7	مختبر التعليم
.8	المحاضرة متنوعة النشاط
.9	المشاهدات
.10	تلمذة صنعه
.11	المختبرات
.12	الخلطة
.13	المطبخ التعليمي (التغذية)
.14	الكفايات
.15	التجارب
.16	المواقف الحية
.17	التعليم بالأهداف

المعلم يتعلم من طلابه الكثير من الطرق

الطرق المرتكزة على دراسة الحالة

الرقم المتسلسل	مسـمى الطريقة
1.	الحالة النقاشية
2.	الحالة التعليمية
3.	الحالة التحليلية
4.	الحالة التعليمية
5.	الحالة التعاونية
6.	الحالة بتحليل تعمقي
7.	الحالة بتحليل سطحي
8.	الحالة الوهمية (التخيلية)
9.	الحالة الواقعية (الحقيقة) أو (الفعلية)
10.	الحالة الميدانية
11.	الحالة معدة (بالأصل جاهزة)
12.	الحالة بالإعداد (الإعداد الآني)
13.	الحالة المطولة (أو المفصلة)
14.	الحالة القصيرة
15.	الحالة (اتخاذ القرار)
16.	الحالة التاريخية
17.	الحالة التقيمية

18.	تحليل سير الحدث
19.	الحالة المتسلسلة
20.	الحالة العنقودية
21.	الحالة المكتوب
22.	الحالة المرتجلة (تلقائية)
23.	الحالة بلعب الأدوار
24.	الحالة السمعية
25.	الحالة البصرية
26.	الحالة السمعبصرية
27.	الحالة المرتكزة على خبرة ميدانية
28.	الحالة المرتكزة على الخبرة العامة
29.	الحالة المعدة من المعلم
30.	الحالة المعدة من الطالب
31.	الحالة المرتكزة على الوثائق المنشورة
32.	مخزن الحالات

يمكن تعليم الطالب كتابة وبناء الحالات الدراسية
وهذا أفضل من تقديمها له جاهزة

الطرق المرتكزة على تحليل الرسوم

الرقم المتسلسل	مسمى الطريقة
.1	تحليل الرسوم
.2	تحليل الرسوم اليدوية
.3	تحليل رسم فرد
.4	تحليل رسم جماعي
.5	التحليل بمحلل واحد
.6	التحليل بمجموعة محللين موحدي التخصص
.7	التحليل بمجموعة محللين متعددي التخصص
.8	تحليل رسوم الأطفال
.9	تحليل رسوم الكبار
.10	تحليل رسوم الأميين
.11	تحليل رسوم المرضى النفسيين
.12	تحليل رسوم الصم
.13	تحليل رسوم الأطفال ذوي الاحتياجات الخاصة
.14	تحليل الرسوم اليدوية كأداة اختبار
.15	تحليل الرسوم كأداة للتحليل النفسي
.16	تحليل الرسوم كأداة تعليمية
.17	تحليل الرسوم كأداة لجمع المعلومات
.18	تحليل الرسوم كأداة الأفراد الأسوياء
.19	تحليل رسوم الأفراد غير الأسوياء
.20	تحليل الرسوم الملصقة (الرسم التلصيقي)

الطرق المرتكزة على تحليل الصور (الفوتوغرافية)

الرقم المتسلسل	مسمى الطريقة
1.	تحليل الصور (الفوتوغرافية)
2.	تحليل الصور (الفوتوغرافية) (محلل واحد فقط)
3.	تحليل الصور (الفوتوغرافية) (فريق متعدد التخصصات)
4.	تحليل الصور (الفوتوغرافية) (فريق موحد التخصص)
5.	تحليل الصور (الفوتوغرافية) (الإحداث)
6.	تحليل الصور (الفوتوغرافية) (الناس)
7.	تحليل الصور (الفوتوغرافية) (المتسلسلة)
8.	تحليل الصور (الفوتوغرافية) (المتقطعة)
9.	تحليل صور الأطفال
10.	تحليل صور الكبار
11.	تحليل صور الإناث
12.	تحليل صور الذكور
13.	تحليل الصور الفردية
14.	تحليل الصور الجماعية
15.	تحليل الصور (الفوتوغرافية) (المحلل ذكر)
16.	تحليل الصور (الفوتوغرافية) (المحلل أنثى)
17.	تحليل الصور (الفوتوغرافية) (فريق ذكور وإناث)

18.	تحليل الصور (الفوتوغرافية) التشاركي
19.	تحليل الصور (الفوتوغرافية) لأغراض التعليم
20.	تحليل الصور (الفوتوغرافية) لأغراض التثقيف
21.	تحليل الصور (الفوتوغرافية) لأغراض التعليم
22.	تحليل الصور (الفوتوغرافية) التحليل النفسي
23.	تحليل الصور (الفوتوغرافية) لأغراض العلاج النفسي
24.	تحليل الصور (الفوتوغرافية) لأغراض تقويم المشروعات
25.	تحليل الصور (الفوتوغرافية) لأغراض الاختبار
26.	تحليل الصور (الفوتوغرافية) لأغراض الكشف عن الجريمة

الرسوم والحركات والتمارين جميعها آليات فاعلة
في المواقف التعليمية

الطرق المرتكزة على التحليل المعلوماتي

الرقم المتسلسل	مسمى الطريقة
.1	التحليل الكمي
.2	التحليل النوعي
.3	التحليل الكمي والنوعي (الكمنوعي)
.4	التحليل التاريخي
.5	التحليل الوثائقي
.6	التحليل الإحصائي
.7	التحليل النفسي
.8	التحليل المكتبي
.9	التحليل المختبري (التحليل المخبري)
.10	التحليل الفوري
.11	التحليل الميداني
.12	التحليل السريع
.13	التحليل المتعمق
.14	التحليل التشاركي
.15	التحليل الأولي
.16	التحليل الختامي
.17	التحليل القصصي
.18	التحليل المتتابع
.19	التحليل الجماعي (الفريقي)
.20	التحليل الجنائي
.21	التحليل القبلي
.22	التحليل البعدي
.23	التحليل الدرامي

الطرق المرتكزة على الوسائل التعليمية

الرقم المتسلسل	مسـمى الطريقة
1.	السبورة أو لوح الطباشير
2.	الطباشير
3.	السبورة المغناطيسية
4.	اللوحة الوبرية
5.	لوحة النشرات
6.	لوحة العرض
7.	الرسوم البيانية
8.	الدوائر البيانية
9.	الأعمدة البيانية
10.	الخطوط البيانية
11.	الصور البيانية
12.	المصورات الزمنية التتابعية
13.	مصورات التصنيف والتنظيم
14.	مصورات المسار (تسلسلية)
15.	مصورات الفروع
16.	مصورات الانسياب أو مصور الأصول
17.	الكاريكاتير

.18	الرسوم التخطيطية
.19	الملصقات
.20	الخرائط
.21	الشفافيات
.22	الصور الثابتة
.23	الأقلام الثابتة
.24	الشرائح
.25	الأقلام التعليمية
.26	الوسائل السمعية
.27	أشرطة التسجيل الصوتية
.28	الاسطوانات
.29	الراديو
.30	العينات
.31	النماذج
.32	التمثيل الصامت
.33	القصص المصورة
.34	لوحة قصة

تعليم الطالب تطوير الوسيلة التعليمية
بدلاً من تقديمها إليه

الطرق المرتكزة على المفاهيم

الرقم المتسلسل	مسمى الطريقة
1.	تشكيل مفهوم
2.	تعليم المفهوم
3.	الشبكة المفاهمية
4.	طرح مفهوم
5.	تحليل مفهوم
6.	بناء مفهوم
7.	نشر مفهوم

طرق التعليم المرتكزة على تبادل الخبرات

الرقم المتسلسل	مسمى الطريقة
1.	التعرض (التعريض)
2.	يوم حقل
3.	هنا وهناك
4.	خبرة عمل
5.	النزول
6.	الزيارات الميدانية
7.	الرحلات التعليمية
8.	المخيم التعليمي
9.	الحديث
10.	لقاءات الأقران
11.	سؤال / جواب
12.	التبادل
13.	التدوير (دوران العمل)
14.	المساجلة

طرق تبادل الخبرات متنوعة وعديدة ومنها استقدام مصادر بشرية من المجتمع المحلي إلى الغرف الصفية

الطرق المرتكزة على الأدبيات التعليمية

الرقم المتسلسل	مسمى الطريقة
1.	وحدات التعليم الذاتي
2.	التعليم بوساطة الأدلة
3.	الحقائب التعليمية
4.	التعليم بالوحدات
5.	ورقة حلقة
6.	التعيينات
7.	الملخصات
8.	الأشرطة
9.	الحالات المكتوبة
10.	المحاضرات المطبوعة

طرق التعليم المرتكزة على التعلم الذاتي

الرقم المتسلسل	مسمى الطريقة
1.	وحدات التعليم الذاتي
2.	مراجعة أدبيات
3.	مخزن حالات
4.	المحاكاة
5.	المراسلة
6.	عون الذات
7.	التسجيلات

طرق التعليم المرتكزة على الطالب كفرد

الرقم	المسمى الطريقة
1.	الحاضنة
2.	المشروع العملي
3.	البطاقات
4.	تأمل كتابي
5.	التمارين الفردية
6.	إعداد ملخص
7.	ردم الفجوة
8.	هجمة عمل
9.	المقال
10.	رصد توقع فردي
11.	العصف الذهني
12.	البريد الوارد
13.	إعداد بحث
14.	الحساسية
15.	عصف الأفكار المتسلسل
16.	التعليم المباشر

(كلما قل عدد الطلاب كلما زاد تعلمهم)

إدارات التعليم مدعوة إلى مراجعة الكم مقابل النوع

طرق التعليم المرتكزة على الخبراء

الرقم	مسمى الطريقة
1.	اجتماع الخبراء
2.	تفصيلة خياط
3.	المرجع
4.	الرائد المثل
5.	ذوي الاختصاص
6.	المحاضرة الزائر
7.	الضيف المتحدث
8.	المحاضر
9.	المعلم $^{*}3$
10.	المدرس

طرق التعليم المرتكزة على الرسمية

الرقم	مسمى الطريقة
1.	الندوات
2.	المؤتمرات
3.	التلقين
4.	الاختبارات
5.	الدروس
6.	المحاضرات الرسمية
7.	توجيه الأسئلة

طرق التعليم المرتكزة على اللارسمية

الرقم	مسمى الطريقة
1.	الرسم
2.	الغناء
3.	التعليم من خلال اللعب
4.	الألعاب التعليمية
5.	اسخف فكرة
6.	التسخين
7.	المقعد الساخن

التعلم من خلال العمل طريقة مميزة ومؤثرة

الفصل الثالث

مجموعة مختارة من طرائق التدريس

مجموعة مختارة من طرائق التدريس

1. طريقة المحاضرة الصغيرة "للمعلم".

2. طريقة التقدمات الطلابية.

3. طريقة المناقشة الجماعية.

4. طريقة المناقشة بمجموعات صغيرة.

5. طريقة المشاهدة الصفية.

6. طريقة الضيف المتحدث.

7. طريقة تقارير المجموعات.

8. طريقة المناظرات الطلابية.

9. طريقة سرد الأسئلة الشفاهية.

10. طريقة الرحلة التعليمية.

11. طريقة المهمات القرائية الصفية.

12. طريقة المهمات الميدانية.

13. طريقة التقدمة المشوقة.

14. طريقة المصادر الاثرائية.

15. طريقة المسرح.

16. طريقة المهمات المكتبية.

17. طريقة نشاطات الجمع (عينات).

18. طريقة نشاط كتابي.

19. طريقة أنشطة بيتية.

20. طريقة تعليم الأقران.

21. طريقة عمل النماذج والمجسمات.

22. طريقة سرد قصة.

23. طريقة تحليل وسائل.

24. طريقة التصنيف.

25. طريقة الرسم.

26. طريقة إعداد شفافية.

27. طريقة إعداد قوائم مصطلحات.

28. طريقة ماذا عن نفسك.

29. طريقة خارطة عملية.

30. طريقة قبل وبينما وبعد.

31. طريقة التمثيل.

32. طريقة أنشطة الطباشير.

33. طريقة الفقرة الصفية.

34. طريقة عمل الشرائح.

35. طريقة أنشطة التلوين.

36. طريقة الرسم الكاريكاتوري.

37. طريقة الصور الفوتوغرافية.

38. طريقة التجارب المخبرية.

39. طريقة صحائف العمل.

40. طريقة كتابة مقال.

41. طريقة لعب الأدوار.

42. طريقة عصف الأفكار.

43. طريقة دراسة الحالة.

44. طريقة القيمة الأساسية.

45. طريقة التخيل.

46. طريقة العمل في مجموعات.

47. طريقة الطيف.

48. طريقة الجنزير.

49. طريقة المباريات.

50. طريقة الحوار.

51. طريقة طرح المناقشة.

52. طريقة الندوات والمناظرات.

طريقة المحاضرة الصغيرة (للمعلم)

يقدم المعلم عرضا" لفظيا" لا يتجاوز من (10 – 15) دقيقة وفي كثير من الأحيان عشرة دقائق ويطلق على هذا الطريقة: طريقة التقديم المقتضب، أو التقديم المكثف المختصر .

وفيما يلي بعض النقاط المحورية حول هذا الطريقة:-

أ-   يستلزم إعداد مسبق.

ب-   يستلزم أعداد يستخدم معه المعلم مهارات الاعداد لتقديم عرض مختصر بأعلى درجة من مهارات الاختصار والانتقاء المتمعن للكلمات والجمل .

ج-   بعض التقدمة جمله من النشاطات التي يقود اغلبها الطلاب كتقديم الأسئلة والمناقشة .

د-   من إيجابياتها أن حجم سيطرة المعلم تقل مقارنة بطرق أخرى مثل المحاضرة المطولة للمعلم .

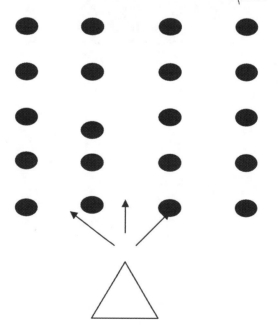

مهارات العرض والتقديم عديدة ومتنوعة

طريقة التقدمات الطلابية

في هذه الطريقة يقوم الطلاب بإدارة التقدمات بأنفسهم بعد أن يكونوا قد كلفوا من معلميهم بالإعداد لتقدمات حول مظهر أو اكثر من مظاهر او جوانب محتوى التعلم تقدم للطلاب بعض المهارات اللازمة لاعداد وإدارة تقدمة ثم يمنحون الوقت اللازم لأعداد تقدماتهم ثم يقدمون تقدماتهم ويتحصلون على تغذية راجعة من معلميهم أحيانا من زملائهم الطلبة .

وفيما يلي إبراز النقاط التي ينبغي مراعاتها عند استخدام طريقة التقدمات الطلابية:-

أ.   على المعلمين أن يقدموا للطلاب بعض المهارات والمعلومات اللازمة عن فن التقدمات

ب. تحديد الفترة الزمنية للتقدمة الواحدة .

ج.   إتاحة الفرصة للطلاب لتوظيف التكنولوجيا في تقدماتهم .

د.   ينصح أن يطور المعلم النموذج للتغذية الراجعة لاستخدامه في تقديم تقدمات الطلاب.

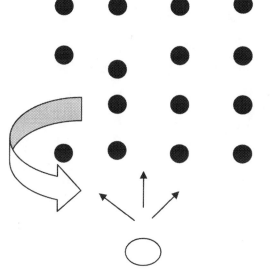

طريقة المناقشة الجماعية

في هذه الطريقة ينخرط جميع الطلاب مع معلمهم بتواصل لفظي مزمن. يخوضون في موضوع محدد وينتهي المطاف بحوصلة غالبا ما يقودها المعلم لوحده، أو طالب بمساعدة طفيفة من المعلم.

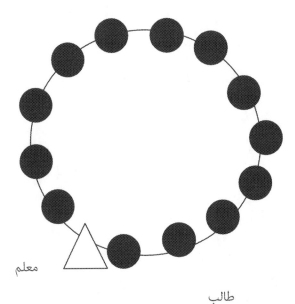

معلم

طالب

طريقة المناقشة بمجموعات صغيرة

يتوزع الطلاب إلى مجموعات صغيره تضم من (3 – 5) أفراد ثم يقدم المعلم موضوع المناقشة والوقت المخصص لذلك 0 يلي ذلك تقديم كل مجموعة لما توصلت إليه.

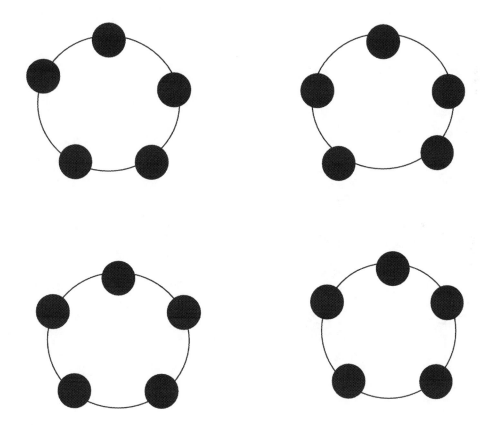

الاستخدام

تستخدم هذه الطريقة لزيادة ترسيخ موضوع ما في أذهان الطلاب أو لزيادة إيضاح الأجراء الصعبة أو المهمة او لتبادل المعلومات بينهم .

دور المعلم

يلعب المعلم دور الميسر لتبادل المعلومات والخبرات بين الطلاب .

أنواع المناقشات

المناقشة المفتوحة :

وفيها يطلب من الطلاب الإطلاع على الموضوع بأكمله في المراجع الخاصة به ثم يقوم المعلم بفتح باب النقاش حول النقاط الرئيسة التي يتضمنها الموضوع .

المناقشة الموجهة :

يقتصر هذا النوع من المناقشات على بعض نقاط خاصة من الموضوع، وتكون الأسئلة معدة سابقا" وتوزع على الطلاب الذين يقومون بإعداد إجاباتهم عليها قبل الحضور للمناقشة .

استخدام الطرق التعليمية المختلفة ندعو إليه ليس فقط في ميدان التعليم ولكن في ميدان التنمية الريفية ايضاً.

إرشادات للمعلم

- يمكن أن تكون المناقشة في مجموعة كبيره او مجموعات صغيرة.

- لا يحتكر الميسر الحديث.

- عامل الوقت مهم جدا لذلك ينبغي ان يكون هناك تخطيط وإعداد مسبق ودقيق .

- يفضل أن لا يزيد عدد الطلاب عن خمسة وعشرين .

- تجنب النقد الهدام .

- شجع على المشاركة الجماعية بدعوة اكبر عدد ممكن للتحدث وإبداء الرأي والتعليق
.

- إتاحة الوقت الكافي للطلاب للتحضير للمناقشة .

- أكد على الاحترام المتبادل بين الطلاب.

- اختتم المناقشة بتلخيص للنقاط الرئيسة التي نتجت عن النقاش.

طريقة المشاهدة الصفية

هذه الطريقة تسمح للطلاب بالتعرف إلى المشاهدة وهم داخل الصف، ومن مزايا هذه الطريقة هي التعلم عن قرب وضمان التركيز وكذلك ضمان تعرض جميع الطلاب دفعة واحدة إلى موضوع التعلم الذي توفره المشاهدة .

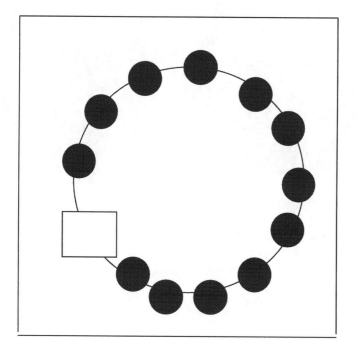

المهمات الجماعية طريقة تعمل على تنمية روح العمل الجماعي والمنافسة مع
المجموعات الأخرى

طريقة الضيف المتحدث (من المجتمع المحلي)

شخص توجه له الدعوة للحضور إلى الصف للحديث عن تجربته وخبرته ثم يرد على
أسئلة الطلاب .

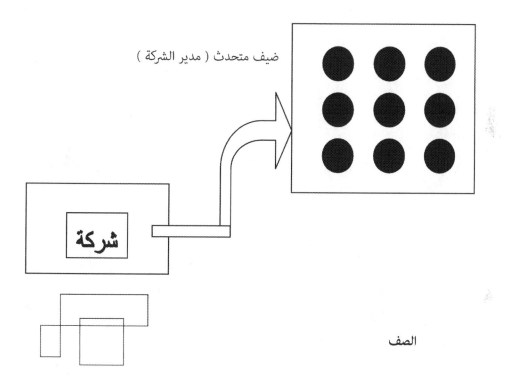

ضيف متحدث (مدير الشركة)

شركة

الصف

المجتمع المحلي

طريقة تقارير المجموعات

يتوزع الطلاب إلى مجموعات صغيرة لمناقشة أو حل مشكلة ...... الخ ويقدمون تقريرا

عن النتاجات التي توصلوا أليها0 والشرط هنا أن يكون التقرير مكتوبا .

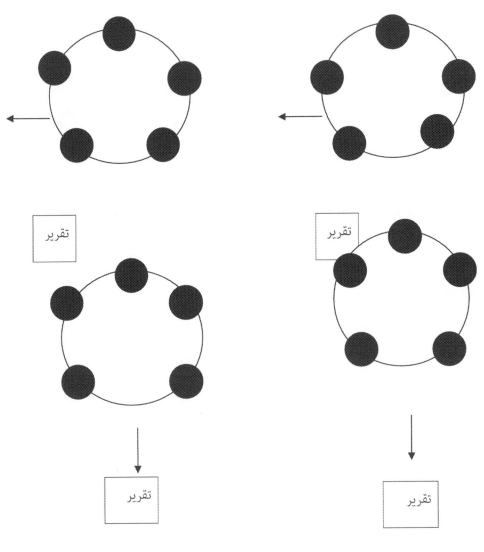

طريقة المناظرات الطلابية

يقدم المعلم موضوع المناظرة ثم يتوزع الصف إلى مجموعتان ثم تختار كل مجموعة
مناظرها ويلتقي الاثنان أمام الطلبة يتناظرون حول الموضوع دون مشاركة بقية الطلبة .

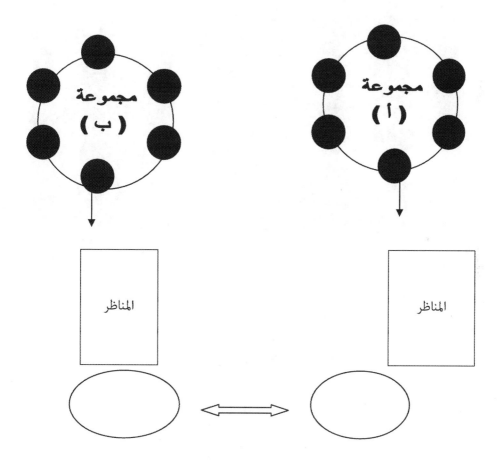

الطالب يعلم طالب طريقة من شأنها التأسيس

لمهارات يحتاج إليها الطالب لاحقاً

طريقة سرد الأسئلة الشفاهية

يطلب المعلم إلى الطلاب يشرعوا بسرد اسئلتهم ويقوم بتدوينها على السبورة عن طريق بعض الطلبة المتطوعون لضمان تدوين جميع الاسئلة التي يقدمها الطلاب .

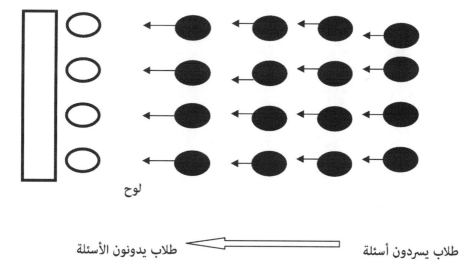

لوح

طلاب يسردون أسئلة   ⟸   طلاب يدونون الأسئلة

طريقة الرحلة التعليمية

يصطحب المعلم الطلاب إلى وجهة ما لتحقيق هدف أو أكثر من أهداف التعليم ويسبق تنفيذ الرحلة شرح لأهدافها ووجهتها وطريقة وقواعد تنفيذها كما يسبقها تخطيط واتصال مع الجهة المقصودة بالرحلة .

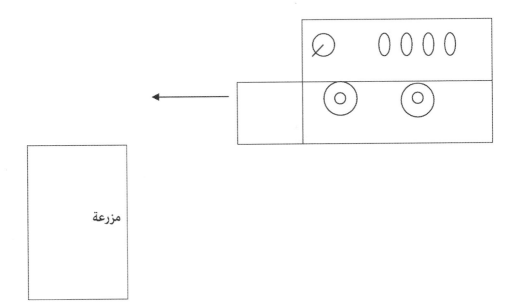

مزرعة

طريقة المهمات القرائية الصفية

يقدم المعلم محتوى مكتوب وقد يكون التقديم لهذا المحتوى مع البدايات المبكرة للحصة بهدف وضع الطلاب في إطار الموضوع وشد انتباههم إليه أما ما يمكن أن يطلبه المعلم من التلاميذ عند استخدام هذه الطريقة من الطلاب فقد يكون مثلا :-

■ استخلاص الكلمات الفنية .

■ وضع أسئلة أساسية .

■ تلخيص أبرز النقاط الأساسية من النص .

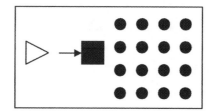

طريقة المهمات الميدانية

يخرج الطلاب من صفوفهم صوب المجتمع المحلي لإنجاز مهمة ميدانية ثم يعودون بعد أداء المهمة إلى صفوفهم لعرض ومناقشة ما تحصلوا عليه والخروج بنتيجة ما .

تثرى هذا الطريقة وتوسع من مدارك الطلاب وتساعدهم في ربط ما يتعلموه داخل الصف بالمجتمع المحلي وكذلك ربط ما يحدث في المجتمع مع النظرية التي يدرسونها .

ومن الأمثلة على ذلك دراسة أسباب التلوث في البيئة فبعد أن يتلقى الطلاب القسط النظري يخرج الطلاب إلى المجتمع المحلي لتلمس أسباب التلوث .

طريقة التقدمة المشوقة

يعكف المعلم على إعداد تقدمه مشوقة لدرسه ويبذل جهدا مميزا" لجعل تقدمته تقدمه شادة جاذبة ويوظف أكثر من واسطة كالألوان والمعينات والرسوم والأشكال ويستخدم الأشياء المادية والموروث الشعبي وغيرها فإذا فعل ذلك نقل هذا الاهتمام والحماس إلى نفوس طلابه وجعلهم تواقون إلى تقليده وفعل ذلك في اقرب فرصة تتاح لهم معها تقديم تقدمه .

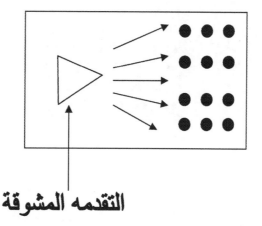

التقدمه المشوقة

هي التقدمة التي تستأثر على اعجاب الطلاب، ويوظف فيها أكثر من واسطة واحدة لشد الأنتباه.

عرض نتاجات عمل المجموعات ومناقشتها يبرز دور الطالب وقدراته ويمكن

المعلم من تحديد فجوات الأداء عند الطالب

طريقة المصادر الاثرائية

ينتمي هذا الطريقةعلى مجموعة طرق تعليمية مرتكزة على البحث والمصدر الاثرائي هو شكل من اشكال الدعم التي نلجأ إليها لتوسيع مساحة التعلم عن موضوع التعلم.

أما أشكال المصادر الاثرائية فهي عديدة ومتنوعة وتختلف حسب أختلاف موضوعات التعلم. وتعمل هذة الطريقة: على نحو من قيام المعلم بالطلب إلى الطلاب التخطيط للحصول على مصادر إثرائية، وفيما يلي قائمة من المصادر الأثرائية.

موضوع التعلم

- الكتب
- المناهج
- الوثائق
- الجرائد والصحف
- المجلات
- القصص
- دواوين الشعر
- الدراسات الجاهزة
- الدوريات
- الأفلام
- السلايدات
- الشفافيات
- الخرائط
- النشرات
- التقارير

- الانترنت
- السلع المادية
- النماذج
- اللوحات الإرشادية
- الكتيبات
- الإعلانات
- المقابلات للحصول على معلومات من القادة والأشخاص
- الأشرطة الفلمية
- الأشرط الصوتية
- الرسوم
- الصور
- أجراء مسح وتوظيف نتاج المسح في الاثراء
- أجراء استطلاع وتوظيف نتائج الاستطلاع في الإثراء
- الكتابة الذاتية للطالب
- المساعدة من الآخرين كإثراء الأب، الأم، الأخوة والأخوات
- الأصدقاء كمصدر إثراء

تحتاج العديد من طرائق التدريس إلى توافر مواد

ومعينات ووسائل مختلفة

طريقة المسوح

تنتمي هذه الطريقة إلى مجموعة طرق التعلم المرتكزة على البحوث ويمكن تعريف المسح على أنه نشاط فردي أو جماعي يهدف إلى تشجيع الطالب على الخروج من الغرفة الصفية لجمع معلومات وبيانات من محيط المدرسة أو الحي أو المجتمع المحلي ولأغراض تخدم موضوع التعلم داخل الصف وبيت القصيد في هذه الطريقة هي تعميم أداة المسح.

وفيما يلي انموذجا" على أداة مسح.

مسح للمشاريع الفردية الصغيرة في المجتمع المحلي

تملأ هذه الأداة لكل مشروع وبشكل منفصل

1. اسم صاحب المشروع:
2. الجنس: ☐ ذكر ☐ أنثى
3. مكان المشروع:
4. تاريخ البدء بالمشروع:
5. طبيعة عمل المشروع:
6. مصادر تمويل المشروع:
7. العقبات التي تواجه المشروع:
8. المصاريف السنوية للمشروع:
9. صافي دخل المشروع السنوي:
10. تطلعات صاحب المشروع:

وفيما يلي مجموعة مقترحه لنشاطات المسوح

1. مسح بالهيئات التطوعية في المجتمع المحلي.

2. مسح لذوي الاحتياجات الخاصة

3. مسح لاحتياجات الأهالي من الخدمات الاجتماعية

4. مسح للخدمات الصحية

5. مسح للمنازل

6. مسح للمراكز التعليمية

7. مسح للغطاء النباتي

8. مسح للمواقع الأثرية

9. مسح لمشكلات المواصلات

طلاب يستعدون لتنفيذ مسح في القرية

طريقة المهمات المكتبية

كثيرا من الناس تنظر إلى المكتبة على أنها مجرد مخزن من الكتب غير أن الواقع غير ذلك فالمكتبة في الكثير من الدول المتقدمة تعتبر مصدرا كبيرا للتعلم ليس فقط من الكتب بل من جميع المصادر المتوافرة إضافة إلى ما تتمتع به المكتبة من جو ملائم لتعلم.

تتطلب هذا الطريقة قيام المعلم بتحديد وشرح المهمة المطلوبة للطلاب لينصرفوا إلى أداتها وهم على بصيرة بما سيعملون في المكتبة.

طريقة نشاطات الجمع (عينات)

إن ربط الطلاب من المجتمع المحلي يعد من أهم وأفعل إستراتيجيات التعلم الحديثة،

وطريقة نشاطات الجمع هي أمدى الطرق المستخدمة لضمان تحقيق استراتيجيات التعلم المرتكزة

على المجتمع المحلي.

ونشاط الجمع عدة أنواع نذكر منها الأنواع التالية: -

1. الملموس كجمع عينات من مايلي:-

أ- البيانات.

ب- الصخور.

ت- الحشرات.

ث- الحبوب.

ج- معادن.

2. جمع غير الملموس: كجمع المعلومات والبيانات عن أحوال السكان والمجتمع المحلي:-

وقد يقوم الطلاب بنشاطات الجمع فرادي أو على شكل بمجموعات.

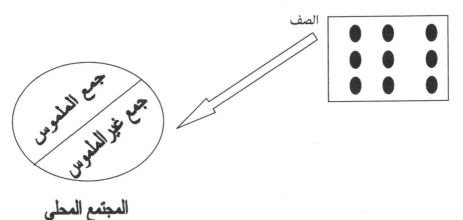

الصف

المجتمع المحلي

طريقة نشاط كتابي

من الطرق الشائعة والمستخدمة لتحقيق أكثر من هدف وتثمل هذه الطريقة ببساطة في الطلب من الطلاب القيام بالخطوط التالية:-

1. تحديد موضوع للكتابة وهنا إما إن يحدد المعلم الموضوع أو إن يترك للطلاب حرية تحديد موضوع ولكن في إطار موضوع التعلم.

2. يبدأ الطالب بكتابة مسودة عن الموضوع.

3. بعد إن ينتهي الطالب كتابة الموضوع يقوم بعرضه على أحد زملائه ويحصل منه على تغذية راجعة.

4. يعود الطالب من بإعادة الكتابة من جديد بغرض تحسينها .

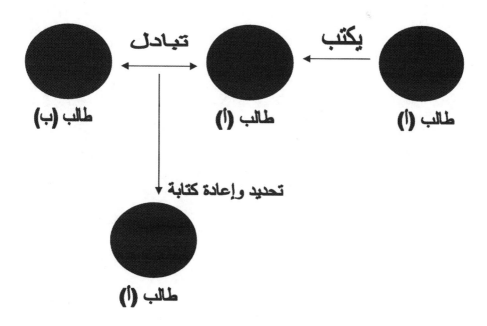

طريقة أنشطة بيتية

تـرتد هـذه الطريقـة إلى مجموعات طرق التعلم المرتكـزة عـلى الأنشـطة ويمكـن تعريـف الأنشطة البيتية على أنها أنجاز هدف تعليمي في أطار أجواء تعلم غير رسمية.

وطريقة الأنشطة البيتية يختلـف عـن طريقة الـواجبات البيتية في أن الثاني مستلـزم لأتمام الأنشطة التعليمية المنهجية في حين تعد الأنشطة البيتية أنشطة أقل رسمية وعلى الغلب غير منهجية وأن إنتمت إلى موضوع التعلم. وما يميز النشاط البيتي هو ترك الحرية للطالب في أنجاز أو عدم أنجاز النشاط فالأمر متروك للطالب .

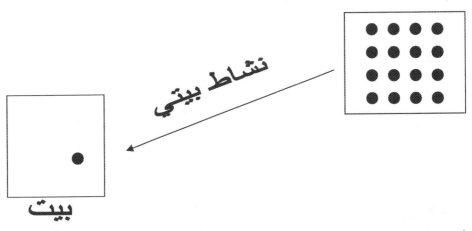

أشكال النشاط البيتي

1. نشاط ينجزه الطالب لوحده

2. نشاط ينجزه الطالب مع أخوته

3. نشاط ينجزه الطالب مع والدع ووالدته

4. نشاط ينجزه الطالب مع الأسرة

طريقة تعليم الأقران

تنتمي هذه الطريقة إلى مجموعة طرق التعلم المرتكزة على الطلاب ويمكن تعريف هذا الطريقةعلى أساس من تعليم الطلاب لبعضهم البعض وهو طريقةيزداد استخدامه يوما بعد آخر في اطار إدخال منهجيات جديدة على أنظمة التعليم.

وتقوم على أساس أن التعلم يختلف فعندما تتعلم عن موضوع ومن ثم تقوم بتعليمه إلى طالب آخر فأن الأمر يختلف تماما فعندما تقوم بالتعليم تزداد ثقتك بنفسك كما أنك تتعلم أكثر وبشكل أفعل عن موضوع التعليم عندما تعلم هذا الموضوع إلى غيرك.

وفيما يلي أهم الخطوات في اطار طريقةتعليم الأقران.

1. تحديد الاقران

2. توزيع الأدوار

3. تحديد موضوع التعليم

4. إعداد خطة الدرس

5. تنفيذ التعليم

6. تغذية راجعة

7. إعادة توزيع الأدوار

8. تحديد موضوع التعليم

9. إعداد خطة الدرس

10. تنفيذ التعليم

11. تغذية راجعة

احمد
حسن
بدور المعلم
بدور المعلم

حسن
احمد
بدور المعلم
بدور المعلم

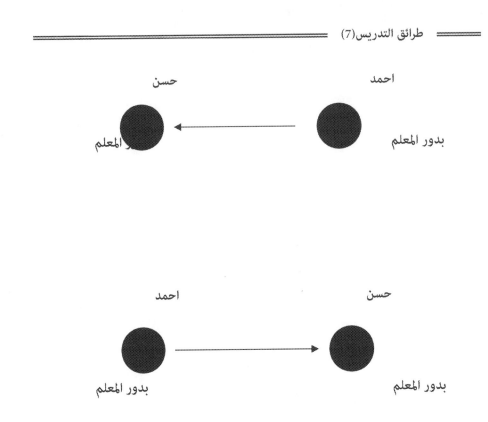

طريقة عمل النماذج والمجسمات

يندرج هذا الطريقة تحت "استراتيجية" ما يسمى بالتعلم مـن خلال العمل. ويعمل به من خلال قيام المعلم بتكليف الطلاب بعمل نموذج أو مجسم بغرض توظيف النظرية التي تم تعلمها من خلال تحويلها إلى ملموس .

تعد طريقة عمل النماذج والمجسمات من أنجع الطرق في مجال تعلم المهارات والربط ما بين المهارات الذهنية واليدوية أما عن طريقة تنفيذ النماذج والمجسمات فيمكن للمعلم أن يختار من بين ما يلي :-

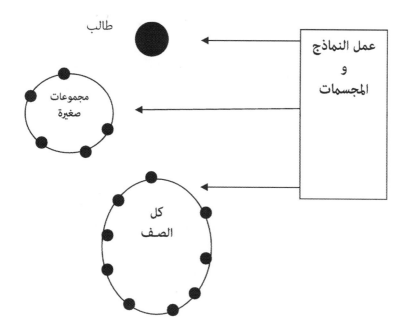

طريقة سرد قصة

تستخدم طريقة سرد قصة ضمن مجموعة طرق التعلم المرتكزة على الاستـماع وتعمـل بهـذه الطريقة على النحو التالي :-

1. يحدد المعلم مجال القصة .

2. يحدد المعلم مكان الحصول على القصة: المكتبة / السوق / من المعلم من المنازل .....الخ

3. يتم تحديد السارد .

4. يتم السرد .

5. تغذية راجعة .

6. دروس مستفادة.

طريقة تحليل وسائل

تستخدم هذا الطريقة ضمن مجموعة طرق التعلم المرتكزة على التحليل بغرض تنمية مهارات تحليل المسائل والقضايا وغيرها .

وتعمل بهذه الطريقة على النحو التالي :-

أ. يحدد المعلم المصدر الذي سيعتمد عليه للحصول على الرسالة مثل :-

- التلفاز .

- المذياع .

- الجرائد .

ب. يقدم المعلم دليل التحليل والذي يحتوي على :-

❖ تحديد المرسل .

❖ تحديد المستقبل / الجمهور .

❖ الهدف من الرسالة .

❖ واسطة الاتصال .

❖ عيوب الرسالة .

❖ ملاحظات الطالب على الرسالة .

طريقة التصنيف

التصنيف من المهارات الهامة في عمليات التعلم والتعليم ولا شك أن التصنيف يحتاج إلى وقت وجهد لتعلمه ولا تأتي هذه المهارة دفعة واحدة .

ونشاطات التصنيف التي يمكن أن يستخدمها المعلم ضمن طريقة التصنيف عديدة ومتنوعة .

وقد يقدم المعلم للطلاب أبواب التصنيف وقد يطلب التصنيف دون تقديم أبواب وإليك أمثلة على ذلك .

صنف الخضراوات التالية إلى خضراوات تنمو وتؤكل تحت سطح التربة وخضراوات تنمو وتؤكل فوق سطح التربة .

تحت سطح التربة	فوق سطح التربة

لفت- سبانخ - جزر - خيار - بندورة -فول - لوف - خبيزة - بقدونس شمندر - بطاطا -
كوسا - باذنجان - فلفل - جرجير - فول سوداني - ترمس.

وقد يطلب المعلم التصنيف دون تحديد أبواب التصنيف، ولكن في هذه الحالة، يكون
عمر الطلاب متقدماً بعض الشيء وتكون مهاراتهم في مستوى يسمح لهم بان يبنوا بأنفسهم أبواب
التصنيف ثم يبدءون بالتصنيف.

كلب - قرد - فيل - ضفدع - أفعى - نمر - أسد - ثعلب - عصفور
ذبابة - دجاجة - فهد - تمساح - حمار - زرافة - بقرة - بطة - طاووس جمل - حوت -
حصان - خاروف - ببغاء - حمام .

هناك تغير واضح في شخصية الطالب العربي الأمر الذي يتطلب معلم يساير هذا التغير ويوظف له طرائق ومداخل جديدة

طـريقـة الـرسـم

ليس المقصود بهذه الطريقة هنا نشاط الرسم الذي يزاوله الطلاب في أوقات فراغهم أو أثناء حصة الفن ، ولكن المقصود هو استخدامه كجزء من أجراء الطرق الموظفة لتعلم محتوى ما من المحتويات التعليمية التي تستلزم طبيعة تعلمها استخدام الرسم في مرحلة ما من مراحل التعلم

واستخدام طريقة الرسم يعد من أكثر الطرق تأثيراً نظراً لما يوفره الرسم من فرصة لرؤية جانب التعلم.

ويشيع استخدام طريقة الرسم في مجال التعليم المهني والصناعي لأن الأمر هنا يستلزم بيان مراحل معينة وإبراز مهارة بعينها .

ولطريقة الرسم مزايا منها استخدامه في حالة تعذر وجود التصوير الفوتوغرافي إن الرسم يعكس قدرة الفرد المتعلم ويظهر مدى تملكه للمهارات وقدرته على التصوير ومن أنواع الرسوم نذكر ما يلي :-

1. رسم الأشكال .
2. رسم الأحداث .
3. رسم مسارات العمل .
4. رسم المواقع .
5. رسم الأشخاص .

تمريـن

1. أرسم قواعد التعليم وشكل جلوس الطلاب ووزع المعدات والأدوات الطلابية فيها.

طريقة إعداد الشفافية

تندرج هذه الطريقة ضمن مجموعة طرق التعليم على إعداد وسائط العرض وقد أفردناه إلى جانب طرق أخرى لكونه من الطرق التي لا تتطلب تكاليف باهظة .

يتطلب إعداد الشفافيات تقديم المعلم لبعض الملاحظات والنقاط المتعلقة بتصميم الشفافيات هذا بطبيعة الحال إذا كان المعلم يمتلك المعلومات والمهارات المتعلقة بتصميم الشفافيات .

وتعمل بهذه الطريقة على النحو التالي :-

1. يقدم المعلم الملاحظات والنقاط المتعلقة بالتصميم .

2. يقدم لكل طالب شفافية فإن تعذر ذلك قدم الشفافية لمجموعة .

3. يحدد المعلم الرسالة أو المحتوى المراد تصميم شفافية حوله .

4. يبدأ الطلاب بالإعداد ثم يقومون بعرض شفافياتهم بوساطة جهاز المسلاط .

5. يقدم المعلم تغذية راجعة ويكرر الطلاب المحاولة .

طريقة إعداد قوائم مصطلحات

يعمد المعلم إلى استخدام طريقة إعداد قوائم مصطلحات عندما ينوي أن ينمي عند طلابه المخزون الذهني من المصطلحات التي إلى جانب ما من جوانب المحتوى الذي يعكفون على تعلمه .

فمثلا لو افترضنا أن موضوع التعلم هو عن (المشكلة) وطلب المعلم مني أن أقوم بإعداد قائمة مصطلحات عن المشكلة لقدمت له القائمة التالية .

المشكلة	تنمية
مشكلة	**تطور**
أزمة	تقدم
عقبة	نماء
حجر عثرة	ازدهار
معضلة	انتعاش
عقدة	تحسن
مأزق	تغير
ورطة	
فخ	
شرك	

تمريـــن

طالب

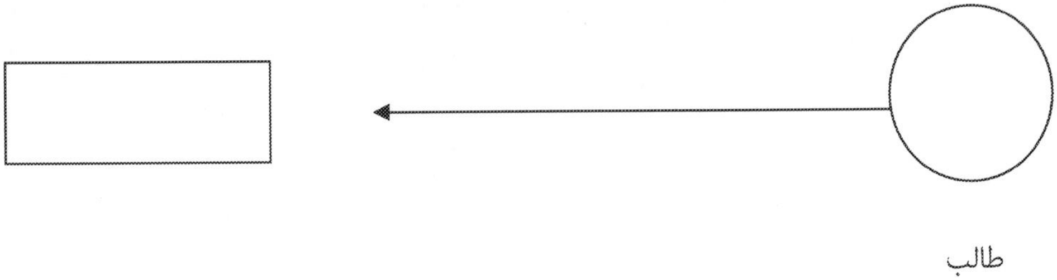

طريقة ماذا عن نفسك ؟

يعمد المعلم إلى استخدام (طريقة ماذا عن نفسك ؟) كأحد الطرق التي تسمح أو تتيح للطالب بالتعبير عن ذاته تجاه موضوع التعلم .

وتفيد هذا الطريقة في تأكيد دور الطالب كمتعلم وزيادة قدرته تدريجيا" للتعبير عن ذاته ومشاركة خبراته وإليك المثال التالي الذي يوضح إستخدام طريقة ماذا عن نفسك ؟

1. هل زرت أحد المواقع الأثرية في الأردن ، أو في أي من البلدان في العالم؟ تحدث إلى جارك وأخبره عن تلك الزيارة متى قمت بها ؟ وماذا شاهدت في تلك الزيارة ؟

2. هل فكرت يوما أن تمتلك مشروعا" خاصا" بك ؟
تحدث إلينا عن متى فكرت به ؟ ما هو هذا المشروع ؟ هل مازلت تفكر به؟

طريقة خارطة عملية

يقوم المعلم بالطلب من الطلاب أن يبدأوا بالتفكير بعملية ما ، ثم تحديد المراحل أو الخطوات الرئيسة لهذه العملية ويمكن أن يبدأوا على شكل فرادى أو بمجموعات منذ البداية أو يمكن أن يبدأوا على شكل فرادى ثم يولفوا نتاج عملهم الفردي من خلال مجموعات . ومن الأمثلة على العمليات التي يمكن أن يطلب المعلم من الطلاب أن يحددوا مراحلها أو خطواتها الرئيسية ما يلي :-

1. حماة نظافة .
2. تنظيم معرض .
3. إجراء تجربة .
4. تنظيم مناسبة في المدرسة .
5. تعلم مهارة معينة .

طريقة قبل وبينما وبعد

تقوم فكرة هذه الطريقة على تكليف الطالب بإنجاز ثلاثة عمليات رئيسة هي عملية قبل ، وعملية بينما، وعملية بعد.

وفيما يلي مثالا" على استخدام هذه الطريقة في إطار تنمية المهارات القرائية .

1. قبل أن تقرأ

وهنا يقدم المعلم السؤال أو النشاط المطلوب من الطالب عمله قبل أن يقرأ نصا" ما ، ويتم التركيز على معرفة ماذا يعرف الطالب عن الموضوع قبل أن يقرأه وتساعد مرحلة " قبل أن تقرأ " على قياس المخزون المعرفي عند الطالب .

2. بينما تقرأ

وهنا يقدم المعلم النشاط الذي على الطالب عمله وهو ما يزال يقرأ النص كالإجابة على بعض الأسئلة أو حصر لمصطلحات محددة أو استخلاص معان لبعض الكلمات .

3. بعد أن تقرأ

وهنا يقدم المعلم الأنشطة التي على الطالب عملها بعد أن يكون قد انتهى من قراءة النص أي أن الأنشطة هي أنشطة بعدية يراد منها الوقوف على مدى الفهم والإستيعاب الذاتي للطالب .

وقد يقدم المعلم في هذا السياق أسئلة أو مهمات تتعلق بتلخيص الدرس أو جمع معلومات إضافية .

وفيما يلي مثالا" على استخدام طريقة قبل وبينما وبعد مأخوذ من كتاب

طريقة التمثيل

التمثيل هو ببساطة تجسيد لسلوك اجتماعى يحاول الممثلين نقله من واقع معاش على واقع غير معاش في لحظة التمثيل والغرض منه توظيف التمثيل ذاته لأغراض التعلم أي أن القطعة التمثيلية ذاتها تصبح مادة للتعلم .

ولنأخذ المثال التالي :-

لو افترضنا أننا بصدد التعلم عن مهارات البيع وتحديدا" مهارة البائع للمشتري ووجد المعلم أنه يلزم استخدام طريقة التمثيل ذلك أن توزيع صحيفة إرشادات للتعلم عن أفضل طريقة لاستقبال بائع ما لمشتري غير كاف الأمر الذي اختار معه طريقة التمثيل لإبراز جوانب تعلم أخرى مثل أهمية الاتصال غير اللفظي كجانب مهم في استقبال البائع للمشتري .

ويعمل بطريقة التمثيل على نحو إما " عفوي " كأن يطلب المعلم ببساطة من طلابه أن يمثلوا ذلك أو على نحو (غير عفوي) بمعنى وجود نوع من التخطيط المسبق للأشخاص والسيناريو وما شابه

طريقة أنشطة الطباشير

تعد طريقة أنشطة الطباشير من الطرق الهامة في تقوية وتنمية جوانب القيادة في شخصيته

إن خروج الطالب للتعبير بالطباشير ليس مجرد نشاط عابر فالمعلم الحاذق يستطيع أن يساعد العديد من التلاميذ على تنمية مهارات الكتابة والعرض إلى جانب أن قيام طالب ما بأنشطة الطباشير يعني أنه في موقف مسؤول وتحد مع نفسه لتقديم الأفضل وبالتالي تزداد مساحة مسؤولية الطالب عن تعلمه .

تتراوح أنشطة الطباشير بين أنشطة خفيفة ومعقدة وتتنوع طبقا" لتنوع الموقف التعليمي ومن الأمثلة على أنشطة الطباشير :

1. حل المسابقات .
2. بيان الرسوم المسارية .
3.   الكتابة الحرة .
4.   كتابة إجراءات متسلسلة مثل كتابة خطة درس .

إلى جانب الإستخدام التقليدي للطباشير والمعروف بحل المسائل على اللوح.

طريقة الفقرة الوصفية

تتعتبر طريقة الفقرة الوصفية واحد من مجموعة من الطرق التي يلجأ إليها المعلم لتنمية مهارات الكتابة الإبداعية عند طلابه .

ويعمل بهذه الطريقة على نحو من قيام المعلم بالطلب من التلاميذ أخذ قسطا" من الوقت لكتابة فقرة يصف من خلالها حدثا" ما ، أو نصا" ، أو صورة" أو موقفا" ....الخ .

وبعد أن يكتب الطلاب فقراتهم الوصفية يتبادلون فقراتهم وقد يقرأوا جهرا" ما جاء بها ويتحصلون من المعلم على تغذية راجعة أو قد يجمعها المعلم ثم يقدم تغذية راجعة مكتوبة لطلابه .

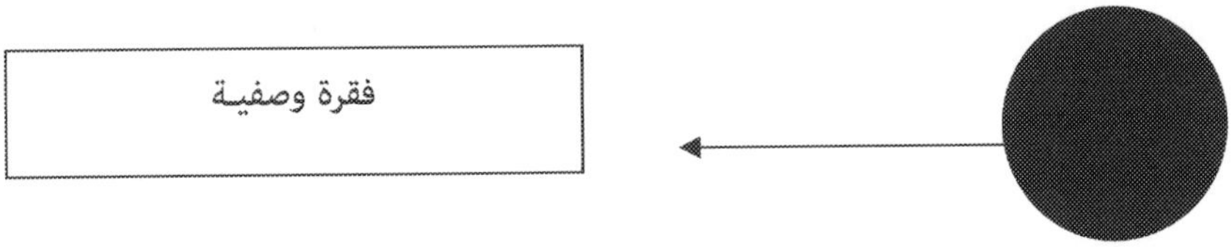

فقرة وصفية

طالب

طريقة عمل الشرائح

الشرائح أو ما يعرف (بالسلايدات) التعليمية هي الأخرى طريقة تعليمي هام بدءا" من التعريف بها ، وبأهميتها وأنواعها إلى جانب كيفية إنتاجها وعرضها وتقديمها.

ويمكن للمعلم إستخدامها بشكل أوسع في عمليات التعلم والتعليم عن طريق إستثمار الطلبة الذين بإمكانهم الخروج إلى المجتمع المحلي لإلتقاط الصور المختلفة والعودة بها إلى الصف لتصبح فيما بعد مادة تدريبية هامة يمكن إجراء العديد من الأنشطة حولها .

كما يمكن للمعلم تكليف الطلاب فرديا" أو جماعيا" بعمل مشروع متكامل عن طريق الشرائح .

ومن الأمثلة على مشروعات ترتكز على الشرائح ما يلي :-

1. المراحل التي مر بها رغيف الخبز .

2. مراحل إنتاج سلعة ما .

3. مراحل العرس .

4. وسائط النقل .

تفيد طريقة عمل الشرائح في مجال تنمية مهارات التسلسل ويــوســع مدارك الطلاب المعرفية ويربط بينهم وبين المجتمع المحلي على نحو أفضل .

طريقة أنشطة التلوين

تعد طريقة أنشطة التلوين من الطرق المشوقة للطلاب وهم في سن مبكرة وإلى جانب استخدام أنشطة التلوين كنشاط عام في حصص الفنون فإن الحديث عن طريقة أنشطة التلوين يتعدى المفهوم التقليدي إلى اعتباره طريقة لتنظيم عدد من أشكال الإنتاج المختلفة للطلاب مثل :

-

1. تلوين اللوحات الإرشادية .

2. تلوين الشفافيات التعليمية .

3. تلوين لوحات العرض .

4. تلوين الطلاب لمسارات خطة أو تجربة علمية .

5. تلوين التقدمات من حيث المحتوى والأشكال والرسوم التي يمكن أن تحتويها .

طريقة الرسم (الكاريكاتوري)

سبق وأن تحدثنا عن طريقة الرسم بشكل عام وهنا نتحدث عن نوع محدد من الرسوم ألا وهو الرسم الكاريكاتوري أو ما يعرف بالرسم الهزلي الذي فيه نوع من الفكاهة وروح الدعابة والتشكيل الحر للمضامين الرسومية المختلفة للأشخاص.

المادة الرئيسة للرسم الكاريكاتوري هو الإنسان حيث يتم تقديمه في إطار من النقد والسخرية والتعليق بغرض إيصال رسالة لجمهور محدد .

وتفيد هذه الطريقة في علاج كثير من المشكلات النفسية والاجتماعية وينفس فيه الطلاب عن ما يجول بخواطرهم هذا من جهة ومن جهة أخرى تعد طريقة الرسم الكاريكاتوري أسلوبا فاعلا في لفت الأنظار والاهتمام إلى مهارات محددة والتعلم عن عدد من الأخطاء التي تحدث في نظام الاتصال بين الناس في بيئات العمل والمنزل والمجتمع المحلي .

طريقة الصور (الفوتوغرافية)

يقدم المعلم صورة، أو أكثر ثم يطلب من الطلاب عمل نشاط معين . من الأمثلة على ما يمكن للمعلم طلبه من الطلاب :-

1. التعليق اللفظي .

2. كتابة فقرة يصف بها ما رأى .

3. وضع أسئلة .

4. الكشف عن خطأ ما أو لغز ما في الصورة .

5. تحليل ما يحدث في الصورة .

6. التعريف بمضمون الصورة مثلا : من تمثل هذه الصورة أو لمن هي موجهة وما إلى ذلك .

7. تحديد المشكلة إذا كانت الصورة تتحدث عن مشكلة .

طريقة التجارب المخبرية

كانت المختبرات في الماضي حكرا" على مفهوم التجارب المخبرية في إطار العلوم كالكيمياء على سبيل المثال ولكننا اليوم نتحدث عن طيف واسع لمفهوم التجارب المخبرية حيث يوجد اليوم مختبرات الحاسوب ومختبرات العلاج النفسي ومختبرات التعلم عن الطرق التدريسية وغيرها .

وتقوم فلسفة هذه الطريقة على أساس عمل الطالب في إطار بيئي تتوافر فيه المستلزمات والأدوات والعدد اللازمة لقيام الطالب بالتجربة المخبرية .

ويستلزم الإنتقال من الغرفة الصفية إلى المختبر لإجراء تجربة ما، تدريب الطلاب على بعض المهارات المتعلقة بالتحضير للتجربة وقواعد السلامة العامة والأمور المترتبة على الطالب جراء إستخدام المختبر .

طريقة صحائف العمل

تنتمي هذه الطريقة إلى مجموعة طرق التعليم المرتكزة على المهمات .

ويمكن تعريف صحيفة العمل على أنها مجموعة منتظمة من المثيرات التي تتطلب إستجابة الطالب إليها وتنتمي هذه المجموعة الفرعية من المهمات إلى مجال تعليمي واحد .

إن المسؤول عن تصميم وإعداد صحائف العمل هو المعلم بالدرجة الأولى ولكن مع الوقت قد يبدأ المعلم بالطلب من الطلاب إعداد صحائف العمل انطلاقا من فلسفة الطالب يجهز مواد ليتعلم منها .

وفيما يلي أنموذجا على صحيفة عمل .

صحيفة عمل في إطار حماية البيئة من التلوث

اسم المدرسة :-   اليوم :-

اسم الطالب :-   التاريخ :-

الصف :-

مكان السكن :-

المهمة الأولى :-

في المساحة التالية قدم وصفا للبيئة التي تقطن فيها .

المهمة الثانية :-

فيما يلي عدد من المشاكل البيئية ضع دائرة على المشكلة التي توجد في منطقتك :-

1. ازدحام السكان .

2. ضوضاء السكان .

3. دخان السيارات .

4. دخان المصانع .

5. تلوث المياه .

6. انتشار الحشرات .

7. تطاير النفايات الورقية والبلاستيكية .

8. مستنقعات المياه .

9. ركام أتربة .

10. سيلان المياه من النفايات أو المنازل .

11. روائح كريهة من النفايات .

12. سيلان زيوت من السيارات أو المنازل .

13. حدد أية مشاكل أخرى لم ترد .

المهمة الثالثة :-

اختر إحدى المشكلات وقم بما يلي :-

أ-   سم المشكلة من جديد

ب-   قدم وصفا لهذه المشكلة

ج- من وجهة نظرك لماذا حدثت هذه المشكلة ؟

-

-

-

-

-

د- ما الذي تقترح عمله لحل هذه المشكلة .؟

-

-

-

-

-

-

طريقة كتابة مقال

تعتبر هذه الطريقة من أقدم الطرق التعليمية المستخدمة في تنمية مهارات الكتابة عند

الطلاب وقد تكتب المهمة عن طريق :-

أ.   طالب بمفرده .

ب. مجموعة صغيرة .

ج. أو قد تكتب عن طريق قيام مجموعة الصف كاملة بهذه المهمة .

تتطلب إستخدام طريقة كتابة مقال أن يقدم المعلم للطلاب فكرة عن .

1.   تعريف المقال

2.   عناصر المقال .

3.   المهارات اللازمة لكتابة المقال .

4.   حجم المقال .

5.   كيف سيحصل الطلاب على تغذية راجعة على مقالاتهم .

شروط المقال :-
1.   وحدة الفكرة .
2.   طريقة كتابه واضح .
3.   تسلسل .
4.   هدف .

طريقة لعب الأدوار

الإستخدام

- تستخدم طريقة لعب الأدوار في الحالات التي تحتاج معها إلى إظهار السلوك الإنساني وتحسين مهارات الاتصال .

- تلعب المشاعر الإنسانية دورا" كبيرا" في لعب الأدوار ولهذا يمكن أن يشعر المؤدون والمشاهدون بالحرج ، أو الاضطراب لذلك ينبغي على المعلم أن يكون مستعدا" للتعامل مع هذه المواقف .

دور الميسر

- إختيار موقف ذا معنى وقريب جدا" من إهتمامات المجموعة .

- شرح الدور لأفراد المجموعة .

- الطلب من أفراد المجموعة التطوع لأداء الدور .

- إعطاء معلومات لكل مؤدي وينبغي أن تحدد هذه التعليمات بالتفصيل لكل فرد .

ملاحظات :-

ينبغي على كل شخص أن يتقمص دور الشخصية جيدا" وعلى المعلم أن يسمح للمؤدين بالاستعداد الكامل .

توضيح دور الطلاب حتى يستطيعوا أن يدونوا ملاحظاتهم ليناقشوها بعد ذلك . ينبغي تذكير المشاهدين دائما" أن الممثلين يقدمون الأدوار وليس بالضرورة قيامهم بعكس مشاعرهم الشخصية .

أنواع لعب الأدوار

تتسم طريقة لعب الأدوار بالمرونة والواقعية وينفذ بإتباع واحدة من الطرق التالية:-

- الأدوار الموجهة التي يلتزم معه المؤدي بالدور المحدد له ، وذلك بغرض الحصول على دروس محددة وقد تكون هذه الدروس متعلقة بالسلوك أو الإتجاهات المرتبطة بالمشكلة .

- الأدوار المطلقة أو الحرة ومعها يترك للمؤدي الحرية المطلقة لأداء دوره على سجيته ودون توجيه (المتعلم يقوم بأداء الدور كما يؤديه في حياته العملية) ، ولهذه الطريقة أهمية خاصة عندما يراد إختبار النواحي السلوكية والمتعلقة بعلاقات العمل بين مجموعات الطلاب .

- الأدوار التي يترك للفرد حرية الإنطلاق في بعض الجوانب وإلزامه ببعض القيود في جوانب أخرى .

تجمع هذه الطريقة بين مميزات الطريقتين السابقتين إلا أنها تحتاج إلى جهد مضاعف من الميسر .

إرشادات للمعلم

- حسن اختيار المواقف والمشاكل التي ينبغي أن يكون لها علاقة مباشرة بواقع الطلاب وتتناسب مع طبيعة أعمالهم ووظائفهم .

- كتابة السيناريو بطريقة واضحة ومفصلة وتدعيمه بالمعلومات والبيانات .

- توزيع الأدوار على المؤدين بحيث يكمل كل منهم الآخر .

- تدريب المؤدين .

- تشجيع المؤدين ومساعدتهم على مقاومة الخوف الذي ينتاب المؤدي في بادئ الأمر خصوصا للذي يمارس هذه الطريقة لأول مرة .

- إتاحة الفرصة للنقاش الجماعي، بمشاركة المؤدين لتشجيعهم على النقد البناء والقضاء فورا" على النقد الشخصي الذي يتضمن السخرية من أداء البعض أو التهكم على شخصياتهم .

- قيام المعلم المسؤول بتلخيص الملاحظات النهائية على الأداء مع إظهار الدروس المستفادة وتلخيص وبلورة القيم السلوكية والاتجاهات السليمة التي ينبغي على الطلاب مراعاتها وتوظيفها في ميدان العمل الفعلي .

ما هي أهمية لعب الأدوار؟

- لعب الأدوار يعتبر من أهم الطرق للتعليم والتنشئة عند الصغار والكبار في حياتهم اليومية .

- تخلق ظروفا" لعيش المشكلة وتطبيق المعرفة عمليا" .

- تؤمن التغذية الراجعة بإستمرار .

- تشرك الطالب بعقله وجسده وأحاسيسه وتساعد في التفكير بما يمكن أن يحصل عندما يحصل .

- تدرب على العفوية وبالتالي القدرة على مواجهة التغيرات ، أوعلى المرونة .

- تدرب على المواجهة حسيا" وعقليا" وجسديا" .

- تؤدي إلى تغيير على المستوى المعرفي والوجداني السلوكي .

- تنمي المهارات في العلاقات الإنسانية .

- تساعد على فهم وتوقع دور "الآخر" الحليف أو الخصم .

- تساعد على إدراك الذات من خلال الآخر .

ينبغي توفير برامج تدريب نوعية ومستمرة للمعلمين

حول طرائق التدريس

طريقة عصف الأفكار

الإستخدام

عصف الأفكار طريقة يقصد بها إستثارة عقل الطلاب حول نقطة معينة لاستدراج أفكار منهم ويحاول المعلم إستخلاص الأفكار الهامة التي لها علاقة بالموضوع.

دور المعلم

يدير المعلم الجلسة عن طريق طرح سؤال معين، ثم يبدأ بتجميع إجابات الحاضرين وتدوينها على السبورة، أو اللوحات الورقية القلابة ، وإستخلاص الأفكار الهامة التي لها علاقة بالموضوع .

إرشادات للمعلم

- ينبغي ألا يعترض المعلم على أي إجابة من الطلاب وأن يسجلها كما هي .

- حتى نحصل على ما نريد من عصف الأفكار ينبغي أن يتوافر جو :-

  - يخلو من إصدار الأحكام القيمية على الآخرين .

  - يتمحور حول المشكلة .

  - يكون تعاونيا" .

  - يكون مفتوحا" لتقبل أفكار كل مشارك .

- لكي نحصل على أفضل تجميع للإجابات يجب أن نجعل الطلاب يجيبوا حسب ترتيب جلوسهم حتى يكون من السهل على المعلم التحكم في الجلسة.

- يفضل أن تعطى فرصة للطلاب للتفكير في السؤال قبل الإجابة عليه ومن الأفضل أن يفكر كل إثنين معا".

- أثناء الإجابة لا تعطي ظهرك كثيرا" للطلاب .

- بعد الإنتهاء من تدوين الإجابات ينبغي أن تستخلص المعلومة التي تريدها .

- عصف الأفكار طريقة ناجحة لإثارة إهتمام الطلاب خاصة مع بداية الجلسات.

الخطوات المتسلسة لإستخدام طريقة عصف الأفكار لمجموعة كبيرة من الطلاب :-

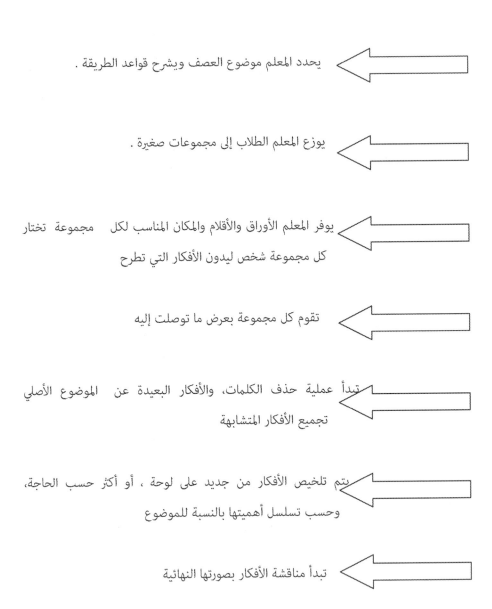

- يحدد المعلم موضوع العصف ويشرح قواعد الطريقة .
- يوزع المعلم الطلاب إلى مجموعات صغيرة .
- يوفر المعلم الأوراق والأقلام والمكان المناسب لكل مجموعة تختار كل مجموعة شخص ليدون الأفكار التي تطرح
- تقوم كل مجموعة بعرض ما توصلت إليه
- تبدأ عملية حذف الكلمات، والأفكار البعيدة عن الموضوع الأصلي تجميع الأفكار المتشابهة
- يتم تلخيص الأفكار من جديد على لوحة ، أو أكثر حسب الحاجة، وحسب تسلسل أهميتها بالنسبة للموضوع
- تبدأ مناقشة الأفكار بصورتها النهائية

الخطوات المتسلسلة لإستخدام طريقة عصف الأفكار لمجموعة كبيرة من الطلاب :-

يحدد المعلم موضوع العصف ويشرح قواعد الطريقة .

يوزع المعلم الطلاب إلى مجموعات صغيرة .

يوفر المعلم الأوراق والأقلام والمكان المناسب لكل   مجموعة تختار
كل مجموعة شخص ليدون الأفكار التي تطرح

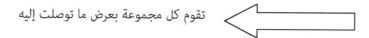

تقوم كل مجموعة بعرض ما توصلت إليه

تبدأ عملية حذف الكلمات، والأفكار البعيدة عن   الموضوع الأصلي
تجميع الأفكار المتشابهة

تم تلخيص الأفكار من جديد على لوحة ، أو أكثر حسب الحاجة، وحسب
تسلسل أهميتها بالنسبة للموضوع

تبدأ مناقشة الأفكار بصورتها النهائية

طريقـة دراسة الحالة

نقاط نراعيها عند التصميم

- أن تتناسب واهتمامات الطلاب .

- أن تكون واقعية بقدر الإمكان .

- لها علاقة بمشاكل الطلاب وواقعهم العملي .

- سهلة واضحة وخالية من الغموض .

- أن تتضمن قرارا" أو عملا" في موقف ما .

ميزات إستخدامها

- جعل التعليم واقعيا" وهادفا" ويسهم في حل المشاكل العملية للمشاركين ولذلك يعتبر من أحسن الاستثمارات في حقل التعليم لأنها تطرح المشاكل بواقعية وإيجابية مما يزيد من العائد المباشر للتعليم .

- توفر طريقة مشوق يدعو إلى المناقشة والتفاعل مع الآخرين كما يدعو إلى تبادل الآراء وتنفيذها، الأمر الذي يقود المشارك إلى التفكير الخلاق ويولد فيه قوة الخيال والإبتكار .

- يساعد هذه الطريقة الطلاب على التحلل من القيود والأفكار الروتينية التي يفرضها عليهم تخصصهم العلمي، أو الوظيفي والنظر إلى المشكلة من جميع جوانبها و أبعادها سواء كانت اجتماعية، أو اقتصادية، أو قانونية، أو سلوكية.

- تزود هذه الطريقة الطلاب بفكر جديد وروح جديدة عنـد العـودة إلـى مواقعهم وتخلق فيهم الروح الإيجابية للتصدي للمشاكل .

- يساعد على تقارب الطلاب من بعضهم البعض وينمي فيهم روح التعاون من خلال تكاتفهم أثناء بحثهم .

طريقة مناقشتها

استخدام الأسئلة المفتوحة من أجل :-

- وصف المشكلة / الوضع وجمع الحقائق من الطلاب .

- تحليل الأسباب ومناقشة الإحتمالات المختلفة .

- ربط الحالة بالواقع العملي للطلاب .

- تحديد ومناقشة بعض الحلول الممكنة والخروج بحلول واقعية .

ما هي الأهمية التعليمية لدراسة الحالات ؟

- الإنطلاق من مشكلات معاشة وتناسب ذلك مع مبادئ تعليم الكبار .

- عرض الواقع بطريقة الخبر والسرد ويتناسب ذلك مع مبادئ تعليم الكبار .

- خلق تجربة مهنية مكثفة (مسرعة) .

- التعليم على لقاء رأي الآخر، إكتشاف ذاتية النظرة إلى الواقع، إكتشاف الواقع، إحـترام الآخـر ، إكتشاف الذات، ضرورة فهم الـواقع انطلاقـا من إدراك المعنيين فيه .

- التعليم على ضرورة التشخيص قبل إتخاذ القرارات .

- التعليم على كيفية التشخيص : تشخيص المشكلة وتحديد الأسباب .

- التعليم على تنظيم إستخدام الخبرات السابقة .

- التعليم على إكتشاف المعلومات الناقصة في الحالة .

- التعليم على كيفية إستعمال الوثائق .

- التعليم على كيفية وشروط اتخاذ القرارات .

- التعليم على المرونة في التعاطي مع المشكلات .

طريقة القيمة الأساسية

أن الموضوع لا يتعلق بقيمة الأشياء المادية ولكن المراد هنا هو أن يقوم الطالـب بتجديد القيمة الأساسية لموضوع ما من الموضوعات.

ولو افترضنا أن هناك درسا" في اللغة العربيـة عـن أحـد الشـعراء أراد المعلـم إن يسـتخدم طريقـة القيمة الإضافية لكان الأمر على النحو الآتي:-

1. يقدم المعلم، أو يطلب من الطلاب قراءة الدرس، أو عمل التمارين المطلوبة.

2. بعد أن تنتهي كافة عمليات التعلم المتعلقة بالدرس من عرض وأسئلة ومناقشة وما شابه يقوم المعلم باستخدام طريقة القيمة الأساسية ويستلزم المر هنا أن يعرف المعلـم بالقيمة الأساسية والمتمثلة بمحاولة الطلاب إعمال عقولهم بغية تحديد الأساسية.

ولعلني مدعو إلى أن أورد بعض الأمثلة عن القيمة الأساسية من باب التوضيح.

القيمة الأساسية
حافظ على التراث الوطني.

القيمة الأساسية
المعرفة قوة

القيمة الأساسية
الشاعر يولد ولا يصنع

طريقة التخيل

عندما تطلب من شخص أن يتخيل فإنك بشكل أو بآخر تطلب منه أن يمارس نشاطا" ذاتيا" ولهذا فإن طريقة التخيل ينتمي إلى رزمة طرق التعلم الذاتي لقد استخدمت طريقة التخيل بشكل واسع تدريسي لعدد من مناهج برنامج إنجاز في الأردن وقد وجدته أسلوبا" مفيدا" في العديد من الجوانب وكان افضل مثلا" على استخدامي له ما يلي:-

> طلبت إلى طلابي أن يتخيلوا أنهم قد أصبحوا معلمين وأن يكتبوا أكبر عدد ممكن من الطرق والطرق التي يمكن أن تستخدم لجعل صفوفهم صفوفا" تتسم بالتعلم النشط.

وقد فوجئت عندما جمعت قصاصات الورق التي كتب عليها الطلاب نتاجات تخيلهم التي تعلمت منها العديد من الدروس كان على رأسها أن الطلاب هم ثري للأفكار الجديدة.

قائمة ببعض الأفكار التي قدمها الطلاب

1. تخصيص أول (5) دقائق من الحصة لمراجعة الحصة السابقة.
2. وقت للنكات.
3. إعطاء الطالب فرصة ليدرس جزء من الحصة.
4. عمل مشاريع.
5. وقت لعمل تمثيل.
6. سرد قصة.
7. وقت حر.

8. أن يبتسم المعلم.
9. عدم الضرب بالعصا.
10. حل الأسئلة على اللوح.
11. كتابة شعر.
12. إحضار مواد وعينات.
13. ربط الحصة بالواقع المعاش
14. توزيع الطلاب إلى مجموعات.

طريقة العمل في مجموعات

الاستخدام

في هذا النوع من طرق التعليم يتم إعطاء مهمة معينة لمجموعة من الطلاب ليعملوا بها لفترة محدده ثم يقوم فرد من المجموعة بعرض هذا العمل أمام المجموعات الأخرى .

يشجع هذا الطريقة كل طالب على المشاركة في إبداء رأيه وخاصة الخجولين منهم وكذلك ينمي روح الفريق ويساعد على زيادة التنسيق بين أفراد المجموعة إثناء عملية النقاش فيما بينهم واثناء العرض

دور المعلم

شرح المهمة لمجموعات العمل بشكل واضح وتنسيق عملية النقاش والعرض .

طرق تنسيق مجموعات العمل

- التقسيم تبعا للمناطق الجغرافية .
- التقسيم تبعا للوظائف
- التقسيم بطريقة العد فإذا كان عدد الطلاب 25 شخصا" وتريد تقسيمهم لخمسة مجموعات كل مجموعه خمسة أشخاص اطلب منهم العد من واحد إلى خمسة وكل من يحملون نفس الرقم يكونون مجموعة، وهكذا حتى تكتمل الخمس مجموعات .

إرشادات للمعلم

قبل توزيع المجموعات لا بد من أن تقوم بشرح الهدف للمجموعات بصورة واضحة جدا ويجب ان تحدد لهم وقت العمل، وما سوف يفعلونه بعد الانتهاء من عمل المجموعات .

يفضل أن لا يزيد عدد الطلاب في كل مجموعه عن (5) إلى (6) أفراد حتى يتمكنوا من المشاركة والاستفادة من خبرات زملائهم .

يفضل أن تكون مجموعات العمل في أماكن متباعدة حتى لا تتدخل مجموعة في عمل الأخرى .

إذا كانت هناك أدوات سوف تستخدمها المجموعات في عملها عندها يجب أن يقوم الميسر بتوزيعها قبل بدء العمل .

- تقوم المجموعة باختيار قائد لها يساعد في إدارة العمل وتوزيع الأدوار وكذلك مقرر يتولى تدوين نتاج العمل وشخص يتولى تقديم نتاج العمل

لماذا التعليم في المجموعات الصغيرة ؟

أثبتت التجارب أن :-

- التفاعل يزداد ويقوى إذا ما عمل الفرد مع الجماعة .

- يكتسب الفرد خبرات جديدة نظرا لتنوع الخبرات المقدمة .

- القرارات المتخذة في المجموعات الصغيرة (بموافقة الجميع من خلال أفكار مقدمة من الجميع) تنطبع اكثر وتؤثر أكثر في التصرفات والسلوك .

الخطوات المتسلسلة لاستخدام طريقة العمل مع المجموعة :

يقدم المعلم لمحة عن طريقة العمل مع المجموعة ويشرح القواعد الأساسية.

- يعطي المعلم تعليمات واضحة حول ما هو المطلوب إنجازه من المجموعات.

- يوزع المعلم الطلاب إلى مجموعات عمل.

- ينقل الطلاب على أماكنهم وتوفر لهم المستلزمات كأفلام ، أوراق ، لوحات .

- يشرح المعلم المهمة بالتفصيل ويكتب ذلك على الورق القلاب ويحدد الوقت المطلوب لإنجازه المهمة.

- تختار المجموعة من بينها قائد، ومدون ، ومتحدث .....

- تباشر المجموعات عملها لإنجاز المهمة.

- تقوم كل مجموعه بعرض عملها أمام الطلاب.

- يناقش ما تم تقديمه إما بعد انتهاء عرض عمل كل مجموعة أو تتم المناقشة بعد ان تستعرض كل المجموعات عملها.

الطلاب يشكون من طرائق التدريس التقليدية

طريقة المشروعات

تعريف المشروع:

هو أي عمل ميداني يقوم به الطالب ويتسم بالناحية العلمية وتحت إشراف المعلم ويكون هادفا ويخدم المادة العلمية، وأن يتم في البيئة الاجتماعية.

وقد عرفه المربي الأمريكي (وليام كلباترك) بأنه: "الفعالية المقصودة التي تجري في وسط اجتماعي متصل بحياة الأفراد".

ويمكن القول أن تسمية هذه الطريقة بالمشروعات لأن التلاميذ يقومون فيها بتنفيذ بعض المشروعات التي يختارونها بأنفسهم ويشعرون برغبة صادقة في تنفيذها.

لذلك فهي طريقة من طرق التعليم والتنفيذ للمناهج الموضوعة بدلا من دراسة المنهج بصورة دروس يقوم المعلم بشرحها وعلى التلاميذ الاصغاء إليها، ثم حفظها هنا يكلف التلميذ بالقيام بالعمل في صورة مشروع يضم عددا من وجوة النشاط ويستخدم التلميذ الكتب وتحصل المعلومات، أو المعارف وسيلة نحو تحقيق اهداف محددة لها اهميتها من وجهة نظر التلميذ.

أنواع المشروعات

قسم (كلبا ترك) المشروعات إلى أربعة أنواع هي:

1. مشروعات بنائية (إنشائية):

وهي ذات صفة علمية، تتجه فيها المشروعات نحو العمل والانتاج أو صنع الأشياء (صناعة الصابون، الجبن، تربية الدواجن، وإنشاء حديقة ... الخ).

2. مشروعات استمتاعية:

مثل الرحلات التعليمية، والزيارات الميدانية التي تخدم مجال الدراسة ويكون التلميذ عضوا في تلك الرحلة أو الزيارة كما يعود عليه بالشعور بالإستمتاع ويدفعه ذلك إلى المشاركة الفعلية.

3. مشروعات في صورة مشكلات:

وتهدف لحل مشكلة فكرية معقدة، أو حل مشكلة من المشكلات التي يهتم بها التلاميذ أو محاولة الكشف عن أسبابها، مثل مشروع تربية الأسماك أو الدواجن أو مشروع لمحاربة الذباب والأمراض في المدرسة وغير ذلك.

4. مشروعات يقصد منه كسب مهارة:

والهدف منها اكتساب بعض المهارات العلمية، أو مهارات اجتماعية مثل: مشروع إسعاف المصابين.

خطوات تطبيق المشروع

1. اختيار المشروع:

وهي أهم مرحلة في مراحل المشروع إذ يتوقف عليها مدى جدية المشروع ولذلك: يجب ان يكون المشروع متفقا مع ميول التلاميذ، وأن يعالج ناحية هامة في حياة التلاميذ ، وأن يؤدي إلى خبرة وفيرة متعددة الجوانب، وأن يكون مناسب لمستوى التلاميذ، وأن تكون المشروعات المختاره متنوعة، وتراعي ظروف المدرسة والتلاميذ، وإمكانيات العمل.

2. التخطيط للمشروع:

إذ يقوم التلاميذ بإشرف معلمهم بوضع الخطة ومناقشة تفاصيلها من أهداف وألوان النشاط والمعرفه ومصادرها والمهارات والصعوبات المحتملة، ويدون في الخطة وما يحتاج إليه في التنفيذ، ويسجل دور كل تلميذ في العمل، على أن يقسم التلاميذ إلى مجموعات، وتدون كل مجموعة عملها في تنفيذ الخطة، ويكون دور المعلم في رسم الخطة هو الارشاد والتصحيح وإكمال النقص فقط.

3. التنفيذ:

وهي المرحلة التي تنقل بها الخطة والمقترحات من عالم التفكير والتخيل إلى حيز الوجود وهي مرحلة النشاط والحيوية، حيث يبدأ التلاميذ الحركة والعمل ويقوم كل تلميذ بالمسؤولية المكلف بها، ودور المعلم تهيئة الظروف وتذليل الصعوبات كما يقوم بعملية التوجية التربوي ويسمح بالوقت المناسب للتنفيذ حسب قدرات كل منهم.

وبملا حظتهم أثناء التنفيذ وتشجيعهم على العمل والاجتماع معهم إذا دعت الضرورة لمناقشة بعض الصعوبات ويقوم بالتعديل في سير المشروع.

4. التقويم:

تقويم ما وصل إليه التلاميذ أثناء تنفيذ المشروع.

والتقويم عملية مستمرة مع سير المشروع منذ البداية وأثناء المراحل السابقة، إذ في نهاية المشروع يستعرض كل تلميذ ما قام به من عمل، وبعض الفوائد التي عادت عليه من هذا المشروع، وأن يحكم التلاميذ على المشروع من خلال التساؤلات الآتية:

1. إلى أي مدى أتاح لنا المشروع الفرصة لنمو خبراتنا من خلال الاستعانة بالكتب والمراجع؟

2. إلى أي مدى أتاح لنا المشروع الفرصة للتدريب على التفكير الجماعي والفردي في المشكلات الهامة.

3. إلى أي مدى ساعد المشروع على توجيه ميولنا واكتساب ميول اتجاهات جديدة مناسبة.

ويمكن بعد عملية التقويم الجماعي أن تعاد خطوة من خطوات المشروع أو إعادة المشروع كله بصورة أفضل، بحيث يعملون على تلافي الأخطاء السابقة.

المميزات

1. الموقف التعلمي: في هذه الطريقة يستمد حيوتية من ميول وحاجات التلاميذ وتوظيف المعلومات والمعارف التي يحصل عليها الطلاب داخل الفصل، حيث أنه لا يعترف بوجود مواد منفصلة.

2. يقوم التلاميذ بوضع الخطط ولذا يتدربون على التخطيط، كما يقومون بنشاطات متعددة تؤدي إلى إكسابهم خبرات جديدة متنوعة.

3. تنمي بعض العادات الجيدة عند التلاميذ: مثل تحمل المسؤولية، التعاون، الإنتاج، التحمس للعمل، الاستعانة بالمصادر والكتب والمراجع المختلفة.

4. تتيح حرية التفكير وتنمي الثقة بالنفس، وتراعي الفروق الفردية بين التلاميذ حيث أنهم يختارون ما يناسبهم من المشروعات بحسب ميولهم وقدراتهم.

العيوب:

1. صعوبة تنفيذه في ظل السياسة التعليمية الحالية، لوجود الحصص الدراسية والمناهج المنفصلة، وكثرة المواد المقررة.
2. تحتاج المشروعات إلى إمكانات ضخمة: حيث الموارد المالية، وتلبية منطلبات المراجع والأدوات والأجهزة وغيرها.
3. افتقار الطريقة إلى التنظيم والتسلسل: فتكرر الدراسة في بعض المشروعات فكثير ما يتشعب المشروع في عدة اتجاهات مما يجعل الخبرات الممكن الحصول عليها سطحية غير منتظمة.
4. المبالغة في إعطاء الحرية للتلاميذ، وتركيز العملية التعليمية حول ميول التلاميذ، وترك القيم الاجتماعية والاتجاهات الثقافية للصدفة وحدها.

طريقة الطيـف

من الطرق المرتكزة إلى طرق التعليم المرتكزة على التفاعل وتستخدم هذه الطريقة عندما يطرح المعلم مفهوم، أو مسألة ويريد من الطلاب أن يحددوا موقفهم إزائها وإن يبرروا عندما يسألوا عن حججهم والأسباب من وراء موقفهم.

ومن الأمثلة على المسائل التي يمكن أن يقدمها المعلم

> مسؤولية المحافظة على البيئة مسؤولية الحكومة

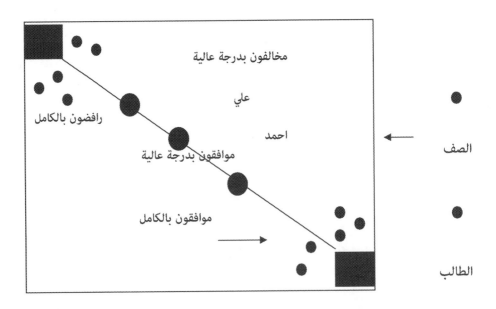

طريقة الجنزير

احد طرق عصف الأفكار المنتمية إلى مجموعة طرق عصف الأفكار الكتابي وتتطلب هذا الطريقة تحديد الفكرة الرئيسة ومن ثم الشروع بعصف افكار فرعية.

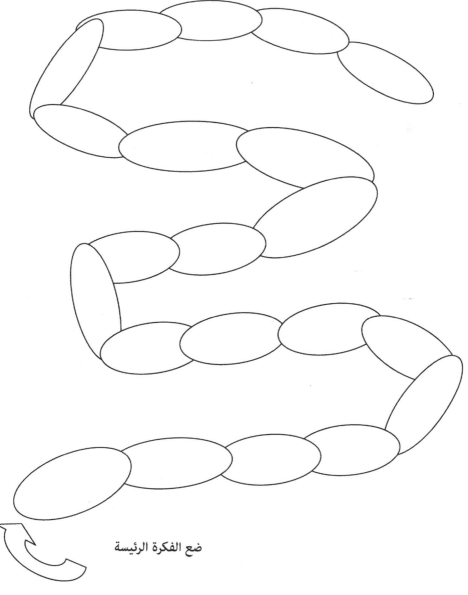

ضع الفكرة الرئيسة

طريقة المباريات

عن طريق تقسيم الطلاب إلى زمر تتبارى في الوصول إلى الخلاصة العلمية المناقشة ثم اعتبار الزمرة التي تكزن أسرع من سواها بالوصول على الحقيقة أو النتيجة وبالتالي إقناع الزمر الأخرى برأيها هي الزمرة الفائزة.

طريقة الحوار

طريقة الحوار في التعليم تستلزم وجود شخصين كطرفين متخصصين في موضوع معين بات الحوار فيه بينهما بحكم عمق درايتهم به ضرورياً لاستكمال جانب التعليم في ذلك الموضوع ويقوم الطرفين بعرض آرائهم وحججهما فيه عن طريق الحوار فيما بينهم ودفق التعليقات بالطرق العلمية والمفاهيم المنطقية.

أما باقي المجموعة الطلابية فتكون مستمعة بعيدة عن الدخول في هذا الحوار أما دورهم فينحصر في الاستماع ، ويتسنى لهم في بعض الحالات اختيار الموضوعات التي تحتاج إلى معالجة.

وتتميز هذه الطريقة بأنها تؤدي بنفس الوقت إلى احتفاظ المستمعين بنشاطهم وانتباهم طيلة فترة الحوار لتنوع الآراء وتبدل أصوات الطلاب فيه.

ولكي نبقى على العامل الهام في هذه الطريقة وتميزها عن المحاضرة نقول أن اختيار المحاورين ينبغي أن يكون على درجة عالية من الأهلية والتعمق لكي يستمع إليهم وينهل من خبرتهم باقي الأعضاء في المجموعة الطلابية الذين حرموا حق الحديث.

أما عيوب هذه الطريقة فهي أنك لا تضمن أن يروق الاستماع إلى الجميع بنفس الدرجة.

طريقة المناقشة

وهي طريقة لمساعدة جميع الطلاب، أو معظمهم على المساهمة الفعّالة في عملية التعلم ويشارك بها كل الطلاب عن طريق تقديم مراجعة لخبراتهم وهكذا يتم تدعيم ما جرى تعلمه.

وهي طريقة سريعة لتحدى ما فهمة الطلاب وإعطاء تغذية راجعة مباشرة لتأكيد الأفكار، أو تصحيح الأخطاء ويمكن استعمال هذه الطريقة لتطوير الاتجاهات ولتشجيع الطلاب على الإفصاح عن أفكارهم ويجعل التعليم أكثر نشاطاً وأغزر مضموناً.

طريقة الندوات والمناظرات

تستخدم لتدريب الطلاب على التفكير بوضوح حول المواضيع المثيرة للجدل وينبغي على المعلم التحكم بعناية بهذه الطرق للتأكد من أن الجدل يستند إلى حقائق.